Poemas de colores

Poemas de colores

MVC

Para realizar pedidos de este libro, contacte con:
Palibrio
1663 Liberty Drive
Suite 200
Bloomington, IN 47403
Gratis desde EE. UU. al 877.407.5847
Gratis desde México al 01.800.288.2243
Gratis desde España al 900.866.949
Desde otro país al +1.812.671.9757
Fax: 01.812.355.1576
ventas@palibrio.com
761720

Índice

Dedicatoria

Éste libro va dedicado primeramente a mi padre celestial; Dios, gracias te doy a Ti porque tu presencia ha sido el fundamento de mi vida, gracias por tu amor y misericordia infinita Señor.

A mis hijos, que son el tesoro más preciado que Dios me regaló, Él me bendijo con ustedes, los amo.

A todas aquellas personas que me han apoyado y creen en mí.

A todos ustedes dedico éste libro con mucho cariño y agradecimiento.

MVC

Introducción

El siguiente libro está compuesto de varios poemas, a través de los cuales plasmo mis vivencias desde que era sólo una joven, hasta que llegué a la adultez. Poemas que han sido de mi inspiración, con ellos deseo mostrarles a todos los lectores, lo importante que es la llegada de Dios a nuestras vidas, y así sepan que Él es tan grande y poderoso que desde el preciso momento que le damos entrada a nuestras vidas sentiremos una paz inexplicable; Él nos ama de tal manera, que si nos arrepentimos de corazón perdonará nuestros pecados y siempre estará allí como un buen padre para nosotros, sus hijos.

Me siento completamente feliz al servirle y anhelo que ustedes en algún momento puedan experimentar esa felicidad.

Esperando que puedan disfrutar ésta parte de mí, que les regalo a todos ustedes, que sea motivo para seguir adelante, y nunca perder las ganas de luchar, teniendo en cuenta que con la ayuda de Dios, todo es posible.

A Solas Con Dios

Si a solas con Dios te encuentras, piensas diferente, hablas
diferente, actúas diferente, sin poder entenderlo.

Es tan maravilloso la forma cómo naciste,
cómo eres y lo que quieres hacer.

Todos vinimos al mundo de manera distinta y de forma
peculiar morimos; pero es fantástico el modo en el
cual nacemos, podemos entender que desde ese día,
Dios nos da la capacidad de ser como el águila.

El águila nace sin plumas pero a medida que va creciendo, le
van saliendo y se va convirtiendo en un ave fuerte. Pero para
volverse fuerte primero se levanta y se detiene para no caerse.
Sabe que si no hace una pausa, se caerá y le dolerá, es tan inteligente
que aunque no tenga a nadie en la vida, sabe quién es realmente,
sabe que debe comportarse como águila sin ninguna confusión.

Cuando ella puede levantar el vuelo, da gracias a Dios
porque Él la hizo, la formó y sólo así se da cuenta, que
al lado de Dios es diferente a otras aves del campo.

Igualmente como tú y como yo, nacimos imperfectos, cayéndonos
de vez en cuando, pero al caernos nos levantamos más
fuertes. De ti depende como caminas, y como te levantas.
La única diferencia entre el águila y tú, es que tú
caminas y te das golpes cuando caminas, pero al fin te
detienes y levantas el vuelo dando gracias a Dios.

Porque Él te creó para vencieras y te mantuvieras fiel a sus batallas.

A Mi Hijo Águila

Soy el águila y estoy esperando a mi hijo que se fue a volar
muy lejos, como su madre, estoy orando, suspirando, cantando
y respirando; pidiéndole a Dios que mi hijo regrese a su nido,
donde dejo una perla y dos caracolitos que lo esperan con afán.

La perla y los caracolitos son felices, salen al mar, van al
parque, a la tienda y a veces vienen a mi nido a pasear.

La perla está hermosa, esos caracolitos están tan bellos que los
cuida tú mamá, cada vez que puede los vigila tú papá para que
no se caigan o se tropiecen como lo hacías tú al caminar.

Ellos no están solos, los cuidamos con mucho amor, sin ansiedad.
¡Apúrate hijito, apúrate a volar, para que cuando
llegue a tus caracolitos les enseñes a volar!

Águila Agradecida

Un día el águila macho encontró una hembra águila, ella era buena en su vida; había aguantado hambre, tristeza y mucha amargura.

Hacía lo que fuese por comer y sobrevivir, nunca había tenido un nido y estaba muy ansiosa por tenerlo.

El águila macho la buscaba porque sabía que ella era buena y sincera. El águila hembra andaba errante, no tenía mamá ni papá, sólo hermanos, pero estaban lejos de ella, por lo tanto solitaria y desamparada, él ofreció ayudarle.

Le dio un nido bien pequeñito y ella conforme, como nunca había tenido uno, lo cuidaba mucho.

Era feliz, lo limpiaba todos los días, siempre le agradecía al Señor por aquella águila que Dios le había puesto en el camino.

Águila Blanca

Yo soy un águila blanca y siempre seré un águila blanca con la ayuda de Dios. Yo estuve con un águila blanco y al pasar del tiempo le iba cambiando el color de su plumaje.

Sólo algunos días eran blancas, otras grises y negras, eso me entristecía porque yo lo había conocido blanco, puro y sincero; ya no era el mismo, deseaba que ese águila blanco no cambiara nunca de color.

Le rogaba: ¡Águila macho no cambies más! Hablaba a solas con Dios y le decía: "¡Señor no puedo vivir con esta águila macho gris; me lastima mucho!"

Vive con plumas blancas, al otro día son grises y otros días son negras, siento que mi blanco amor está confundido, porque el que había conocido me enseñó a volar.

Pedía a Dios día a día: "Señor dame sabiduría para poder ayudarle", supe de su gran confusión en la vida, clamaba y clamaba, no merecía vivir de esa manera.

Con el trascurrir de los años pensé en mí y dije: "¡águila macho tonto, de aquí en adelante me voy a preocupar por mi color, por mi pureza, porque yo valgo. Tú decides del color que deseas ser, por más que has tratado de cambiarme no has podido porque yo era blanca, soy blanca y lo seré toda mi vida. Si algún día quieres regresar, hazlo del color que te conocí!

América Te Amo

Siempre te amaré América, tú me enseñaste a amar a Dios sobre
todas las cosas, más que todo en tu tierra conocí el amor de Dios.

América, aquí lloré, reí y aprendí a tener gozo, nunca
te lo dije pero no tengo la culpa de lo que pasó. Lo
único que quiero es ser libre, libre para amar.

Estoy aquí porque Te Amo, nación gloriosa, aquí en esta
tierra moriré; antes de irme a otro lugar que no quiero;
lugar que no tengo, lugar que me hizo sufrir.

Si te mentí fue por hambre, si me quedé fue por valiente, porque
no soy de aquí ni de allá, yo soy del Salvador del mundo.

¡Mátame si quieres, mátame si puedes,
porque yo de aquí no me iré jamás!

Te llevaré conmigo hasta el fin de mis días, te llevaré
siempre con mi soledad y estaré lista hasta hacer
lo que tú quieras, mi América querida.

Anhelo Ser Limpia

Anhelo ser limpia y sincera Señor, mora en mi vida para sentir
tu perdón, limpia mis lágrimas con tu bendición en éste día.

Te doy mi corazón, mi anhelo es siempre verte en mí;
ayúdame a confiar para ver ese anhelo que me lleve
hasta mi fin y a caminar por donde anduve.

Quiero ser limpia de corazón, para así ver ese día la
gloria que tú tienes para mí, ayúdame, que con fe pueda
entender lo poco que falta para llegar a la meta.

Gracias Señor.

Arañas

¡Arañas malas, arañas ponzoñosas, arañas mentirosas,
crueles, brujas, confusas, y tontas!

Arañas que me ven, arañas que no sienten, que molestan sin piedad,
gordas, que están solas, que se frustran, que pegan y no perdonan.

Arañas que pecan, nunca ven a Dios alrededor;
arañas que sólo se ven pero nunca te miran.

Antes De Morir

Antes de morir que esa mujer saque el secreto de su
alma y de su mente, solo así podrá morir en paz.

Toda la familia que llegue a verla no la juzgue y la perdone,
principalmente que sus hijos, no la ofendan, cuando ella se vaya,
que lo haga en paz con su fe, con su alma y su mente vacía.

Si tuvo hijos que están con ella, que a todos les hagan el ADN, si tienen
a su papá, que se lo hagan a él para que les dé testamento blanco.

Pero lo mejor es que perdonen a los padres, es
mandato de Dios que ames a quien te amó aunque
sea sólo uno de los dos, tú verdadero padre.

Cuida el papelito para que cuando lo mires recuerdes y
seas feliz o llores de tristeza porque no te tocó nada.

Aventura Del Camino

Si me preguntas ¿qué es la aventura del camino? Te diría que es todo.

Es un lugar donde dejas tu dolor, donde
lloras, donde aprendes a sobrevivir.

Es un lugar donde tocas a Dios, donde crees en el amor; ese lugar
donde quieres regresar y compartir tu experiencia con alguien.

La aventura del camino es un lugar que deseo ver abierto
las 24 horas, para que todos puedan experimentar
el amor que Dios tiene para cada uno.

Avispa Mala

Avispa mala, grosera, mentirosa, insolente y sin corazón, me
querías arruinar la vida con tu actitud ingrata y cruel.

Nunca me dio tiempo de prepararme para vencer a esa
avispa, que con su astucia pensó que me iba a derrotar.

No supo que ella con su veneno no podía conmigo y me preparé para
recibirla con colirio, para darle un golpe en la cara y otro en su nariz.

Avispa gorda que no puede caminar porque le
falta una pata y un ala para volar.

Avispa bruta ¿cómo se puso conmigo a pelear? si yo cuando peleo
me pongo guantes para no ensuciarme con insectos como ella.

Ya ni tiene sangre, ni siquiera agua blanca para tirarme en su vejez.

Bendición

Bendición que pude salir de tu mente, de tu alma y de todo
tu ser, me atrapaste por ser inocente, pero te probé. Con
la ayuda de Dios todo se puede y no hay confusión.

Pensaste que porque fuiste a la escuela eras sabio, pero te gané,
parece que hoy estamos a mano, que somos igual de inteligentes,
tú con un papel, yo con mi mente y mi alma sanada sin temor.

Pasabas a mi lado y nunca me preguntaste por mi dolor, la guerra,
la fama, y el dinero te hicieron más grande y te cambió tu color.

Estoy tan curada que tengo mucho que perdonarte
por tu traición, no somos iguales, lo pude notar, tú
con tu corazón regalándolo en cada rincón.

Te veo adelante con tu traición, prefiero ayudarte y perdonarte
para ser liberada de mi sufrir, tal vez más adelante nos juntemos;
yo ayudándote y tú ayudándome para ganar almas para el Señor.

Bendito Es Dios

Bendito es mi Dios por darme el pan en ésta vida, por darme paz y alegría, gracias por existir en mi vida, gracias porque todavía hay almas que creen en Ti, confían en Ti y tienen amor en su vida.

Gracias por las almas sinceras, almas con bondad, almas que entienden el dolor, almas que no miran, ni te conocen, pero saben del sufrimiento en el mundo, que aman a Dios con todo su corazón y su mente.

¡Gracias Señor por poner almas en ésta tierra que te alaben. Gracias, Gracias con todo mi amor!

Buscaba Una Verdad

Buscaba una verdad y por fin la encontré.

*No me importaba que dijeran que estaba loca, sabía que
sí existía y por fin la hallé; me alegré, pude saber de ella
y nada ni nadie me iba a detener por lo que buscaba.*

*Todo lo he hecho por una razón y haberla encontrado me libera;
me liberará de ésta culpa tormentosa, todas las mentiras que
he vivido en busca de la verdad y la encontré para que todo
el mundo lo sepa, estaré siempre con ella, aunque la tierra
se venga encima, mostraré que todo lo hice por amor.*

*Mi amor es diferente, al fin amo la verdad y no
me importa que piensen si estoy loca.*

*Que las reglas cambien en éste mundo, esa verdad
es mi verdad y mi verdad se llama DIOS.*

Busco Un Pastor Diferente

Busco un pastor que me ame, que sea ético, compasivo, entendedor,
que no se enoje, que sea cariñoso, que no mienta y me ayude.
Que sea pastor y actúe como tal, que me cure, que sea mi apoyo,
que cuando me conozca, me acepte; que sea discreto, un guía
fiel y ejemplar, que cuando hable de Dios no me duerma.

Busco un pastor que no me confunda, que sea neutro, amable;
que ore y su lema sea: **Cristo en la mañana, Cristo al mediodía,
y Cristo en la noche**. Que no codicie lo ajeno, que me ayude ver
a Cristo obrando en mi vida, que tenga la chispa de Cristo, y la
comunicación con Cristo, que nunca se confíe de lo que oye.

Quiero un pastor así en mi iglesia, oro por ese pastor, que
no haga sufrir a la gente y que cuando la gente lo mire, en
él encuentre la paz. Que sea consagrado y no asuste a las
ovejas, así busco un pastor que sea diferente, actúe diferente,
hable diferente, sienta diferente, y piense diferente.

¿Dónde está? ¡Tráelo Señor, urgente! Amén.

Caracolito Bello

Hermoso tú eres entre todos, desde que naciste y te vi, hermoso
caracolito de mi corazón, desde antes de nacer te amaba.

Yo hablaba contigo y tú oías mi voz.
Desde que tú viniste a mi vida, soy feliz porque con
tú nacimiento me trajiste gozo, paz y alegría. Desde
el día que te cargué, te traigo conmigo.

Sé que no eres mío, pero lo siento así, tu forma de ser,
de reír, de querer, lo llevo conmigo SIEMPRE.

Cinco Pajaritos

Cinco pajaritos volaron desde el mar, con sus picos secos
para buscar un poco de pan y agua para tomar.

Vinieron desde muy lejos para ver si los ponía a orar,
decían cosas bellas y me miraban, yo los miraba deseando
descansar y aprender a volar y nunca regresar atrás.

¿Cómo Lo Hago?

¡Estoy sucia, necesito bañarme!
¡Estoy sucia, necesito limpiarme!
¡Estoy sucia, necesito curarme!

¿Cómo lo hago?
¿Con la ayuda de Dios?
¿Cómo lo hago?

¿Olvidando, perdonando, cómo lo hago?
¿Suplicando, sufriendo, cómo lo hago?
¿Sufriendo y siendo humilde, cómo lo hago?
¿Dejando el dolor, cómo lo hago?
¿Aceptando el dolor, cómo lo hago?
¿Aceptando y actuando, cómo lo hago?
¿Pensando en dejar el YO, cómo lo hago?
¿Queriéndome, cómo lo hago?
¿Respirando, cómo lo hago?
¿Haciéndolo, cómo lo hago?

¡Todo lo podré CON LA AYUDA DE DIOS!

Con Tu Ayuda

*Dios padre, tú estás conmigo, gracias Jehová, Dios de Israel, Rey
de Judá, maestro que vienes a librarme cada momento que te pido.*

*Gracias por ver mí mal y estar siempre a mi lado,
gracias por sentir tu bendición y tu liberación. Tú me
ayudaste a ser libre con mis hermanos en esta vida.*

*Desde el día que nací, estaba triste y afligida, gracias por
protegerme de la violencia, de la guerra y de un país confundido.*

*Gracias por bendecir a América, a El Salvador y al mundo entero.
Gracias por prestarme amigos de Puerto Rico, Venezuela,
Panamá, México, República Dominicana, Cuba,
Guatemala y de todo el mundo.*

*Gracias por darme la vida y dejarme quedar en
América para ser libre con tu ayuda.*

Conocí Un Águila Blanca

Un día conocí a un águila Blanca me dijo que era blanca, pero
cuando la vi, me di cuenta que no; con mucha pena y vergüenza
no pudo decirme que ella había sido una ave blanca.

Cambió de águila a vaca, cuando la vi me confundí porque
dijo que era vaca, andaba buscando agua de otro lugar, paja
verde y comida, mejor de la que comía en su corral.

Pensé que era humilde y discreta cuando la vi, pero era
de esas vacas locas que salían de su corral huyendo.

Confundida con otro camino, llegó a un lugar
lleno de paz y tranquilidad; Allí se quedó.

Por más agua que tomo y paja verde que comió, nunca
logró ser un águila blanca, porque vaca se quedó y así
murió, como una vaca loca muy confundida.

Cuando Estaba Chiquita

Cuando estaba chiquita mi mamá siempre me dio muchos besos,
como no entendía nada, siempre me dijo que tenía un gran papá.

Decía que no me preocupara porque mi gran padre
estaba presente en la comida y en todo lugar.

Como yo no lo encontraba, me puse a trabajar, con el
paso de los años comprendí que El buscó otro lugar.

Cuando Nací

Cuando nací me dijeron que era mujer, con el paso
de los años, me afirmaron que me parecía a ti.

Me preocupe tanto, que nunca lo entendí; porque
tú eras tan feo como para parecerme a ti.

Cuando La Trompeta Suene

Cuando la trompeta suene en el día del Señor, todos los
llamados clamarán por su bendición, no habrá tiempo
para el dolor, todos los salvados preparados estarán.

Cuando los llamen por sus nombres en tan esperado día,
su esplendor será glorioso. En el día que El señor vendrá,
contentos por la segunda venida lo esperarán.

Su regreso será glorioso que dolor no sentirán, resucitarán
gloriosos los que duermen en él. Nunca comprenderán porque
todos fuimos llamados para irnos por la eternidad.

Los ángeles anunciarán su regreso y él estará muy
cerca, ya no hay tiempo, ni tristeza que sintamos.

Levantémonos hermanos, preparémonos hay un lugar
para que todos vayamos juntos por toda la eternidad. Ya el
momento nos aclara que no hay tiempo que perder, todos
dormiremos en él; pobres y ricos de igual manera morirán.

Estaremos todos juntos esperando su gran retorno,
su amor es tan glorioso por siempre.

Cuando Sobrevives

Cuando tú estás muerto y resucitas Dios lo valora y te ayuda para que tu vida sea ejemplo para los demás, para que puedas con tu fe y con tu amor mostrarle a toda la gente que si se puede sobrevivir.

Dios es todo Él te redime y te protege.

Cuando Tropiezas

Cuando tropiezas y tropiezas, te lastimas; te duele tanto
el corazón, la mente y no encuentras solución.

El enemigo lo sabe y se goza al verte sufrir, llorar
una y otra vez, en el piso te mira desfallecer.

Tú te levantas para demostrarle al mundo que tu
si puedes, con la ayuda del señor; porque Dios te
hizo fuerte como el águila para vencer.

Él te da valor una y otra vez para sobrevivir en ésta tierra.

Cuando Vine De El Salvador

Cuando vine de El Salvador, traía muchos sueños; una tarde de
primavera, que ya hablaba inglés, me fui caminando a un lugar donde
sólo hablaban de dinero, como estaba joven y bonita, el chinito me
miró y como no entendía nada de su idioma me hizo señas que él no
era el dueño; no me gustó, él estaba tan feo y tampoco hablaba inglés,
los dos estábamos confundidos, él con su idioma y yo con el mío.

Como pude trabaje unos días, cuando vi unos dólares
que me dio, me alegré y me asusté, porque esperaba
ver más y porque quería ser la dueña.

Hice lo que pude ese día, y me fui a buscar otro trabajo;
camine por la ciudad, pero como no todos los trabajos que
encontraba hablaban inglés, no hallaba una solución.

Pensaba ¿dónde estoy?
- No todos los que buscan el tesoro lo encuentran y
yo lo encontré, porque era lo que más anhelaba tener,
sueños en el día, en la tarde y en la madrugada.

Día Feo

Recuerdo que el día más feo, fue el que más
lloré, ese día no canté y me desesperé.

Fue el día que más grité y no clamé.

No lo olvidaré jamás, no confié y pequé. Fue el día que la
muerte me lastimó, ese día no entendí y no vi a Dios.

El día que mi madre murió imploré a Él, quedé sola y no vi la luz.

Diecisiete Corazones

Diecisiete corazones llegaron a mi vida buscando
un corazón, no estaba lista y no los recibí; se
marcharon por un hoyo por que los confundí.

Han pasado muchos años y entendí que los deprimí, lo sé porque
cuando voy a la esquina, se aferran a vivir, persistir y hacerme sufrir

Dios Es Maravilloso

Dios te ama y está allí clamando por ti, te busca pero no lo
encuentras porque no te detienes a verlo. Andas confundida
en la vida y en la ciudad es muy difícil detenerse.

Las luces te encandilan y no miras su misericordia, no
tomas una pausa para pensar, allí hay tantas cosas que no
puedes ver, están todas las maravillas que Dios tiene para ti,
porque si te detuvieras a mirar te absorbería la ciudad.

Es tan difícil mantener una comunicación con Dios;
al menos que el enemigo te pegue tan fuerte que casi
te mate de un golpe, entonces clamas a Dios.

Cuando estás en el hospital, si es que llegaste y te dio
tiempo ¿Por qué esperar ir al hospital, a la cárcel y hasta
la muerte? Dios está allí esperando que tú lo busques.

No mires las luces o todas las cosas que te rodean, mira a Jesús que no
te ha dejado, ni te dejará pero tienes que ser tú el que lo reconozcas.

Donde quiera que te encuentres debes mantener ese hilo
con Dios, solo tú vas a ver la diferencia, hasta que te pares
y te mantengas firme en no caer. Dios nunca te ha dejado,
ni te dejará. Pon tu fe en Él y no dejes de clamarle día y
noche, hasta que por fin lo veas en la vida de tu ciudad.

Dios Me Ha Llamado

Dios me ha llamado y quiero depender de Él, me ha llamado a
obedecerle y a perdonar, a ver al caído, al pobre y al que sufre.

Dios me ha llamado a compartir y a ayudar a los
que lloran, a ver a los más necesitados.

Dios me ha llamado a amar al prójimo.
Dios me ha llamado a olvidar.
Dios me ha llamado a hacer la diferencia.
Dios me ha llamado a mostrar el camino.
Dios me ha llamado a mostrar la fe.
Dios me ha llamado para amar al pecador.
Dios me ha llamado para ayudar al ser humano para que sea libre.
Dios me ha llamado a orar con Él y soñar con Él.
Dios me ha llamado a caminar con El.
Dios me ha llamado a volar con Él.
Dios me ha llamado a dormir con Él.
Dios me ha llamado a frustrarme por Él.
Dios me ha llamado a clamarle al Espíritu Santo.

Dios Me Llamó

Dios me llamó a amar.
Dios me llamó a perdonar.
Dios me llamó a olvidar.
Dios me llamó a sentir.
Dios me llamó a confiar.
Dios me llamó a trabajar.
Dios me llamó a esforzarme.
Dios me llamó a amarme.
Dios me llamó a orar.
Dios me llamó a cantar.
Dios me llamó a compartir.
Dios me llamó a limpiarme.
Dios me llamó a ser feliz.
Dios me llamó a gozar.
Dios me llamó a correr.
Dios me llamó a depender de Él.
Dios me llamó a oír.
Dios me llamó a hablar.
Dios me llamó a levantarme.
Dios me llamó a respirar.
Dios me llamó a vivir.
Dios me llamó a verme.
Dios me llamó a tener fe.
Dios me llamó a servir.
Dios me llamó a tener paciencia.
Dios me llamó a ver sus maravillas.
Dios me llamó hacer todo lo posible para ir al cielo.

Dios Siempre Está Aquí

Dios siempre está allí, vigilando cada paso que damos en nuestras vidas, tal vez se nos hace difícil verlo cuando tenemos muchos problemas, pero si clamamos con fe, Él estará allí para escucharnos.

Tal vez no lo sintamos porque no nos detenemos, cuando hablamos con Él, a solas, comunicarse como dos personas lo hacen.

La única diferencia es que somos humanos y mi Dios es Santo, no lo puedo ver por mi carácter, por mi forma de ser, pero Él siempre está allí.

Gracias Dios por estar siempre en mi vida.

¿Dónde Está?

¿Dónde está ese amor que un día tuve? ¿Para dónde se fue? ¿Dónde está? por fin lo alcancé, crucé mares, pueblos desiertos y por fin lo encontré, todo ya pasó, la tristeza y el dolor de no tenerte.

Me enseñó a persistir hasta encontrarte y verte en mí vivir, no estaba soñando cuando te buscaba, llegaste y por fin te atrapé.

Doce Colores

Doce colores iban para la cuidad, todos iban listos a trabajar,
el rojo iba lleno de brillantes, el verde iba lleno de fe.

El amarillo iba con el martillo, el blanco iba para
el banco, el azul iba para la iglesia.

El negro iba para la guerra, el café iba para el
restaurante, el celeste iba para la cuesta.

El morado iba para el otro lado, el anaranjado iba para los
enredados, el gris iba para la escuela y el rosado para el rosal.

¿Dónde Está Ese Hombre?

¿Dónde está ese hombre que estuvo conmigo?
¿Dónde está ese hombre que me dejó?
¿Dónde está ese hombre al que me entregué?
¿Dónde anda ese hombre que amo?
¿Dónde anda ese hombre que tuve?
¿Dónde anda ese hombre que me engañó?
¿Dónde anda ese hombre que confié?
¿Dónde anda ese hombre hice mío?
¿Dónde anda ese hombre que conoce mi cuerpo?
¿Dónde anda que todavía lo siento conmigo?
¿Dónde anda ese hombre que no me lo puedo sacar?
Ese hombre es mi esposo ¿Dónde está?

Dos Caracolitos

Tengo dos caracolitos bellos, uno es grande y el otro es más pequeño.

El más grande es tan hermoso que me da besos y
caricias también, su mirada es pura e inocente.

Cuando salen de sus nidos los arrullo por doquier, cuando
voy a la playa los diviso y cada día que puedo los cuido.

Cada vez están más grandes, el caracolito chiquito crece cada día más.

Los dos están tan bellos que no puedo resistir para jugar
con ellos, cada vez que puedo se los pido a su mamá.

La mamá que yo más quiero por tener la valentía de
prestarme a sus dos caracolitos, ella está tan contenta
porque yo le di un caracol grande y bello.

Dos pajaritos

Dos pajaritos llegaron a mi vida, ella era inteligente
y tranquila, él la observaba con mucho cariño; con su
pico le daba besos y la abrazaba con sus alas.

Cuando ella gozaba, el reía viendo a su pajarita feliz, en ese
nido tuvieron cuatro pajaritos. Los pajaritos ya habían volado,
pero siempre regresaban a su antiguo hogar, donde habían
recibido muchos abrazos, besos y gozaban sin cesar, todos
eran felices, porque sabían que eran del mismo costal.

Así se la pasaron hasta que se hicieron bien viejitos y
comprendieron que en éste mundo sólo hay una vida para amar.

El Destino

El destino es así, cuando menos esperamos llega, el
día de mañana no sabremos si seguiremos vivos. Hoy
estamos aquí, pero de mañana nada sabremos.

Todo lo que hemos vivido, del pasado será, porque
con Dios solo existe el día de hoy.

Vivamos, gocemos y amemos a nuestros hermanos; hasta
que llegue el día que Él Señor aparezca en las nubes, con sus
ángeles a llevarnos a vivir con Él por toda la eternidad.

El Día Más Feo

Fue un día triste con mucha confusión, era un día con mucha
hambre, con mucho dolor; era el día más obscuro y cruel.

Ese día fue ingrato, sin amor, sin perdón, era un día sin
corazón, de locura, de amargura, de tormento.

Era día del lamento, de aflicción, de violencia,
de la guerra, era el día de la muerte.

El Día Perfecto

El día perfecto fue cuando hablé contigo, el día
que más reí, el día que más gocé, imploré, y no me
preparé; porque sabía que tú estabas conmigo.

Ese día no había ruido porque contaba contigo, supe que era el día
grande de la amistad, que nos une como hermanos, como amigos.

Es el día que pase lo que pase cuento contigo por siempre.

El Día Que Naciste

El día que naciste fue bello, hermoso y resplandeciente
como el sol, las estrellas que nacen en la noche, en el
día duermen y así te enseñan a darte su calor.

Cuando llorabas en el día y estaba despierta, trataba de
alumbrarte, agarrarte y amarrarte para que no te cayeras,
por si te daba calor. Ese día nacieron flores alrededor,
pero tú despertaste, gozoso, con tu esplendor.

El Día Que Nací

Señor te doy gracias por permitirme nacer ese día, señor te doy
gracias por cuidarme y librarme de todo mal en esta vida.

Mi Dios gracias te doy por estar siempre presente, por permitir que
naciera y viviera aquí y ahora, toda una vida de tristeza, paz y amor.

Te doy gracias porque estuve con los míos,
los que me prestaste para amarlos.

Gracias Señor por ese día maravilloso que nací, gracias por hacer
ese día muy especial para ti y para mis padres, que me vieron nacer.

Gracias Señor por permitir que naciera ese
día, que para mí es maravilloso.

El Gallo

El gallo está triste, se va de su casa para otro lugar, no entiende porque lo ponen a trabajar, se asoma para descansar.

Está solo para olvidar las maldades que la rana le hizo y no encuentra ningún lugar, donde pueda en paz descansar.

El Día Que Olvidé

El día que olvidé, fue el día más hermoso, fue el
día más precioso, fue el día más delicioso.

El día que olvidé, fue el día que me liberé, fue el
día que me quebranté, fue el día que confíe.

El día que olvidé, fue el día de empezar, fue el
día de perdonar, fue el día de amar.

El día que olvidé, fue el día de mi liberación.

Fue el día de hoy.

El Hombre Con Mente De Niño

Ese hombre pelea como niño, se le olvida que es hombre de
estatura, su mente, lamentablemente, actúa como la de un niño.

Todo lo que habla y hace son cosas de un niño inocente,
pobre hombre, si se oyera como habla, como actúa. Ese
hombre si tiene miedo de estar triste, miedo a la soledad.
Por eso fastidia.

Dice cosas vanas, que si no lo conociera, le creería,
Gracias a Dios por existir en mi vida; ese hombre
no sabe lo que hace con sus acciones.

Confunde la vida con su forma de ser, se lamentaba
todo el día por su forma de amar.

Lástima todo el tiempo, pobre hombre nunca pudo
reconocer que con su bravura, más se confunde, piensa
que nadie lo quiere, aunque le sobra amor en su vida.

Pobre hombre, mente de niño.

El Hombre Con Sus Problemas

El hombre con sus problemas y luchas no sabe a qué hora puede
ir al doctor, que es Dios, mucho menos cuando está en su casa
o en ningún lugar, porque su mente está tan vacía de Él.

No sabe si ir a la iglesia, ir al campo o ir a
trabajar, el hombre se ha olvidado de Dios.

No se acuerda cómo se llama, cómo lo llaman sus hijos, su esposa
y mucho menos su familia. Para él siempre hay una excusa para
todo, él se ha complicado la vida porque no encuentra su color.

El Hombre De Mis Sueños

El hombre de mis sueños es aquel que no reclama, que puede
ver mi gozo y mi alegría, en mi cama y almohada.

Me ama eternalmente, me endulza en la noche y me
canta en la madrugada; olvida todo lo que hago mal
y pone su atención en todo lo que hago bien.

Soy su reina, su amor en el día y en la mañana, deja todo por mí, me
cuida, me protege, porque sabe que siempre será suyo mi encanto.

El Hombre y El Espejo

El hombre en el espejo se vio solo, cansado, y aburrido, no entendía porque estaba y se sentía así. Se estaba viendo triste y desconsolado. Tampoco entendía porque estaba allí, de repente se miraba en el espejo y estaba muy sucio, quería ser limpio pero se le hacía imposible.

No podía él solo, no encontraba el camino, se miraba confundido; el hombre quería cambiar, sabía que un día fue feliz, por eso quería regresar pero no encontraba el camino.

Estaba solo, aburrido y no tenía paz; el espejo no le mentía, decía la verdad.

El Ojo

El ojo es tuyo Señor.
El ojo ve la maldad.
El ojo ve la tristeza.
El ojo ve la soledad.
El ojo mira la muerte.
El ojo se confunde, cambia su color.
El ojo llora, porque no entiende su aflicción.
El ojo se protege de no ver tanto dolor.
El ojo olvida, buscando el perdón.

El Perdón

El perdón llegó a mi vida porque lo busqué, le clamé, le imploré, le sentí y le anhelé. Busco el perdón porque lo necesito, lo quiero compartir, porque lo sufro. Busco el perdón porque me desespero, anhelo el perdón porque yo me amo.

El perdón es cobarde y no se deja atrapar tan fácil; mientras andas por la vida dañando a alguien que se ponga por delante. Si te confías nunca lo alcanzas, el perdón es tan malo que te engaña mientras te enfermas de la sangre, de los riñones, del alma y de la mente.

Te confundes tanto que andas en la vida sin paz, porque no lo has encontrado y si no lo hallas, por cualquier cosa te amargas y ni siquiera cuando estás solo, estarás en paz.

El perdón empieza por mí, después por mi esposo, por mis hijos, por mis padres que no tuve, por la gente alrededor que tuve, por mis hermanos, por mis vecinos, por la iglesia, por aquella gente que no entiende y con mi vida la confundí.

El perdón llegó a mi vida cuando entendí que había dañado a tanta gente y había hecho sufrir a muchas personas, entonces cuando lo conseguí, el perdón dependía de mí. Yo decido si lo dejo ir, ya lo esperaba cuando lo tomé.

Fue por gracia y hoy está conmigo ¿Qué puedo hacer? Ya que fue por gracia, lo regalo a los pobres, ricos, adultos, niños, y hasta a los animales. Porque como es por gracia no me costó nada, tengo para dar a todo el que quiera; lo regalo o vendo y hasta fiado, porque entendí que si recibí por gracia, por gracia doy.

Si recibí por fe, por fe doy y si regalo es porque tengo mucho;
¡qué bueno es el perdón! porque cuando lo busco, lo encuentro
y cuando lo encuentro, soy libre, libre para meditar, libre para
olvidar, libre para vivir, libre para gozar, libre para continuar, "Soy
libre porque al fin pude encontrar el perdón que tanto busqué."

Tuve que pasar por guerras, países enteros, tuve que sufrir tanto
para encontrarlo, rogando en la noche y en el día ¿de dónde venía?,
¿dónde crecí?, ¿quiénes fueron mis padres?, hasta que entendí que
soy yo Señor, que necesito de ti, de tu amor, tu cuidado, tu paciencia.
¡Qué maravilloso eres, porque con tu paciencia todo lo entendí!

¿Quién soy yo Señor para necesitar tu perdón? Para compartir,
para mantenerme firme, que vengan lluvias de gracia o de
problemas, que vengan truenos o tormentas, que sea yo Señor
que con tú ayuda pueda perdonar. Que pase lo que pase pueda
olvidar, que mire lo que mire pueda hacerlo, que tú estés conmigo,
rey reyes y Señor de Señores; que mi perdón por gracia me
pueda ayudar a estar firme con mi fe, y fiel hasta la muerte.

Que pueda perdonar a quien engaña, a quien mienta, quien
levante falso testimonio de mí; que me acuerde de la gracia
tuya y pueda regalar perdón a todos los que se burlan
de mí y a los que no ven nada bueno en mi Señor.

Gracias porque al fin llegó el perdón a mi vida, lo protegeré como mío.
Lo compartiré como mío, lo andaré como mío. Gracias Señor. Amén.

El Toro

El toro no sabe lo que le espera cuando la vaca lo
agarra, no entiende lo que les puede pasar.

Confunden mi vida y la de los demás, cuando pueda,
los voy a borrar de mi vida, mi alma y mi mente.

Ella Es Águila Blanca

Ella si es un águila blanca, pura y sincera, su
color lo muestra, aún al caminar.

Su forma de actuar.
Su forma de pensar.
Su forma de amar.
Su forma de orar.
Su forma de vivir.

Vive como una hermosa águila blanca, ella no
miente, no engaña, no ultraja y no grita.

No pierde el control, no se confunde, no se
irrita, ni se humilla ante los demás.

No se jacta, no se ofende, no se rinde, no se cansa y no se frustra,
no se detiene para vivir en este mundo que le tocó vivir.

Ella está segura de quien es; ella es y será águila blanca por siempre

En El Campo

Un día me paseaba por el campo, disfrutando la naturaleza, mientras me detenía pude observar águilas de diferentes colores.

Había rojas, verdes, azules, amarillas, anaranjadas, negras, grises, y por fin encontré una linda, grande y blanca águila; en su pico llevaba flores de todos los colores, para tirarles a las águilas jóvenes al pasar.

En La Casa De Dios

En la casa de Dios se ora.
En la casa de Dios se descansa.
En la casa de Dios se perdona.
En la casa de Dios se olvida.
En la casa de Dios se llora.
En la casa de Dios eres libre.
En la casa de Dios se ama.
En la casa de Dios eres feliz.
En la casa de Dios se vive.
En la casa de Dios se goza.
En la casa de Dios se levanta.
En la casa de Dios no se duerme.
En la casa de Dios hallarás paz.

Encontré La Luz

Esa mujer errante era yo.
Y por fin encontré la luz en la vida.
Luz para gozar.
Luz para ser feliz.
Luz para compartir.
Luz para sufrir.
Luz para dormir.
Luz para el dolor.
Luz para la desesperación.
Luz para oír.
Luz para el aire.
Luz para escribir.
Luz para vivir.
Luz para descansar.
Luz para pensar.
Luz para meditar.
Luz para el desespero.
Por fin encontré luz para la comezón.
Por fin encontré luz para la oración.
Encontré luz para los callos.
Encontré la luz para ir a la iglesia.

Eres Bendecida

*Tú eres bendecida porque tuviste dos hermanos y pudiste
ir a la escuela, tenemos mucho en común, la única
diferencia es que tú te llamas Ana y yo Victoria.*

*Mientras tú andabas en la escuela, yo andaba trabajando para
darte de comer; los años han pasado y no te cansas de comer.*

Es Difícil

Es difícil en esta vida.

Si nos vamos para el mar, las cuentas nos persiguen.

Si vamos al doctor, las cuentas nos persiguen.

Si nos vamos al cantón, las cuentas nos persiguen.

¿Cuándo no nos persiguen?

Cuando los dejamos en la casa y no los invitamos.

Esa Mujer

Quiero que esa mujer no mienta.
Quiero que esa mujer no sufra.
Quiero que esa mujer se ame.
Quiero que esa mujer perdone.
Quiero que esa mujer hable con la verdad.
Quiero que esa mujer reconozca.
Quiero que esa mujer no se confunda.
Quiero que esa mujer sea ejemplo de humildad.
Quiero que esa mujer aprenda.
Quiero que esa mujer se prepare.
Quiero que esa mujer se valore.
Quiero que esa mujer confíe.
Quiero que esa mujer confiese.
Quiero que esa mujer busque a Dios.
Quiero que esa mujer clame a Dios.
Quiero que esa mujer se prepare.

Quiero que esa mujer se entregue a Dios de todo corazón.

Espejo De Mi Vida

Soy bella, ayúdame que todos los días me vean bella, que día a día bella me quede para ti, para verme y saber que soy bella y sincera.

Soy blanca y limpia como el agua y todo aquel que quiera tomarla, esté lista para darle de beber. Ayúdame espejo de mi vida para que cuando esté sucia pueda notarlo y cuando me quiera asear me bañe con agua limpia y cristalina.

Gracias espejito por ser compañero de mi vida.

Estuve Casada

Un día estuve casada con el que no me supo amar, ni siquiera mi nombre sabía para amarme de verdad y nunca hacerme llorar.

A ese hombre le deseo suerte porque no me supo amar ni valorar. Ojalá que aprenda a amar, porque conmigo, nunca supo amar ni olvidar.

Espíritu Santo

Espíritu Santo desciende a mi vida, espíritu Santo te quiero en mi vida.

*Ven Espíritu Santo, comparte conmigo, ven
Espíritu Santo, quiero que seas mi amigo.*

*Ven con tu Santo Espíritu y mora en mí, espíritu
Santo clamo que tengas compasión.*

*Espíritu Santo procede y continúa en mi vida,
ven porque quiero verte conmigo.*

Espíritu Santo te busco hoy para que vivas y estés siempre a mi lado.

*Espíritu Santo no te siento todavía, espíritu Santo ven, siéntate
un momento conmigo y háblame de tus planes en mí.*

Te esperaré para que vengas cuando tú quieras a mí.

*Gracias Espíritu Santo por buscarme, andaré
lista, para cuando tú quieras.*

Espíritu Santo te amo, dormiré y soñare contigo.

Prepararé mi alma, mi mente para soñar siempre contigo.

Esta Es Mi Verdad

No soy de ningún país en ésta tierra.
Amo a América porque ella me cobijó con sus
plumas de águila y me protegió.

Amo América porque aquí aprendí a amar.
Aprendí a volar, a suspirar, a perdonar y a entender.

Las naciones de éste mundo que Dios les ha dado
la capacidad de hablar, han preferido las armas,
machetes y cuchillos para matar al inocente.

Usan las religiones para confundir, se olvidan de Dios y usan sus
fronteras para ello; tal vez porque nunca han estado en guerra
viendo tanto dolor; dolor que sólo con la muerte se puede olvidar.

Yo lo que quiero es ser libre; libre para amar, libre para gozar con mi
Señor, el dueño de todo el universo. Como podré entender tanto dolor.

Dolor que pasó, pero que cada momento viene a mi mente
¿Cómo podré sentir que estoy en América libre si no lo soy?

Estuve Con Una Águila Blanca

El águila blanca estaba bien arrugadita, su corazón era blanco, puro y sincero; en ésta vida había llorado amargamente, estaba bien solita.

Se la pasaba en su nido día y noche, lo único que hacía era comer, comer, comer y dormir. Esa águila me enseñó con su vida a tener fe, paz y alegría. Ella había comprendido que todo lo que tenía, había venido de Dios, porque Él se lo dio.

Esa águila no renegaba, y cuando estaba triste sonreía. De repente cuando lloraba, gritaba, pero de alegría por otro día más de vida.

Por más cosas malas que le sucedían, ella siempre decía: "mañana será mejor".

Si un día no le iba bien, "otro día será mejor," decía bailando y contenta, ya ni sus patitas podían mover, pero tenía mucha fe.

Esa águila aprendió que en ésta vida sólo se vive una vez y que mientras ella viva, amor tendrá para dar una y otra vez.

Felicidades En Tu Día

El día que naciste, nació la esperanza, nació
una guerra para confundir una tristeza.

Ese día pasó de todo, hubo truenos, relámpagos y mucha
alegría, nació un árbol para echar raíces y muchas
ramas. Las águilas del mundo posan en ese árbol.

Para eso naciste y creciste, te casaste y tuviste hijos, que
son tan bellos como tú. Son dos ramas con su virtud.

Felicidades en tu día, que naciste para dejar algo mejor en éste mundo.

Feliz Cumple Año

El día que naciste, lloraste y te cargué con gozo, paz y
alegría, no me confundí porque sabía que eras niño.

Cuando te cargué, hablé contigo; todo lo que te
dije, se te quedó grabado hasta el presente. Desde
ese día eres obediente y me das tu amor.

Gracias por ser mi niño y respetarme, le pido a Dios su bendición
y que en ti derrame: Fe, paz y alegría en tu corazón.

Feliz cumpleaños.

Flores De Mi Jardín

Las flores de mi jardín están triste Señor, ayer
las regué, pero hoy no tengo con qué.

¿A quién le llamo?

Te llamo a ti, si tú estás cerca para que las atiendas, están
preocupadas porque no saben si voy a ir Señor; llámalas mi Dios,
están marchitas porque les di poca agua y están en pleno sol.

Atiende mi jardín Señor, que no se te olvide
que aunque yo no pueda, confío en ti.

Cuando yo pueda ir les hablaré de ti, te
agradeceré por lo bien que las cuidaste.

Te alabaré por tanto que les cantaste y te
seguiré por tanto que las amaste.

Gracias Padre Amado por mi jardín bello y floreciente. Amén

Frustrado

¿Por qué estás frustrado?, ¿Qué te hice?, ¿Estás confundido?

¡Detente un momento!

Ya tengo bastantes problemas y nada te he hecho, estas
tan grandote y yo tan chiquita. Estas tan frustrado, que
me tratas mal. Yo no tengo culpa de lo que pasó.

¿No te da pena?, ¿No tienes vergüenza de lo sucedido?

Ya no te conozco, no eres el mismo, te gusta pelear y estoy tan
cansada. No te quiero lastimar, estás tan enojado, me haces sufrir.

Gallina Trabajadora

La gallina anda trabajando para luego descansar,
pasan los días y se alista para volver a trabajar.

La gallina no entiende porque tiene que laborar.

La gallina está sola por eso tiene que hacerlo.

La gallina no espera que le griten para trabajar.

Gallina Triste

La gallina está triste, ya no quiere llorar.

La gallina está sola, ya no quiere parar.

La gallina está vieja y enferma, ya no quiere volar.

La gallina está gorda, ya no quiere comer.

Sabe que se la quieren comer, la gallina ya
entiende y por eso se va a correr.

Gallina Vieja

¡Tonta!, nunca viste mi afán de proteger tus pollitos.
Fueron tantas veces que te decía que los cuidaras porque iban a
volar. Nunca me creíste gallina vieja, ¡tonta!, hoy vienes a llorar.

¿Qué puedo hacer?

Mientras yo te decía, tú te reías. Mientras yo oraba con los
míos, te lo decía casi todo los días, pero a ti no te importaba.

¿Qué quieres que haga ahora?

Hoy déjame a mí reir.
¡JAJAJAJA! Vieja tonta.

Gatita Bella

Gatita bella que viniste a mí. No tengo nada, sólo amor que darte.

Gatita bonita, sólo te he visto de vez en cuando, pero me quieres, me buscas y te desesperas cuando no estoy cerca de ti; cuando estoy cerca y me llamas, te respondo.

Si no me llamas, no respondo. Tú sabes gatita bella que siempre estaré cerca de ti. Recuerda que cuando me llames, yo te responderé, porque te amo.

Gatita bella, eres de mi vida.

Gracias Inventora

Gracias a Dios por ponerte en mi vida inventora de todo,
siempre pensé que tienes cerebro de computadora.

Desde el día que te conocí tuviste esa gracia.

Me enseñaste con tu vida y tu cerebro que podía ser igual que tú, desde
el día que te conocí me propuse a ser como tú, inventora de corazón.

Gracias A Ti

Un día me llamaste y me alegré. El día que me hablaste te reconocí.
Sabía que eras grande, hermoso por las cosas que decías.

Te imagine bello y buen mozo; fui a tu nido por
hambre, desesperada, buscando comida,
Era lo único que quería.

Hoy te agradezco que me reconocieras y te apiadaras
de mí. El hambre que traía, tú lo viviste y siempre
que a tu nido iba, dejabas alimento para mí.

Me iba llena y dándole gracias a Dios, porque al
fin te encontré en mi vida. Pido a Dios por ti, para
que tengas en esta vida extra para darme.

Gracias Señor Por Tus Manos

Gracias Señor por tus manos, con ellas agradeces a Dios.

Tus manos son hermosas, ayudas a arreglar
lo que se dañó y lo que se quebró.

Con tus manos levantas al caído y alabas a Dios.
Pones un ladrillo y arreglas el jardín.

Trabajas con ellas, escribes algo hermoso.

Me sostengo con tus manos. Me limpias con tus manos.

Suspiro con tus manos. Acaricias a tus hijos.

¿Cuántas cosas haces con tus manos que te ha dado Dios?
¡Gracias a Dios por tus manos!

Gracias Señor Por Mis Manos

Gracias Señor por mis manos, porque con ellas muestro tu gloria.

Mis manos son hermosas Señor, con ellas ayudo a
arreglar lo que se dañó y lo que se quebró.

Con mis manos levanto al caído. Con mis manos te alabo.

Con mis manos acaricio una planta, Señor. Con
mis manos, que me has prestado, trabajo.

Con mis manos escribo. Con mis manos me sostengo.

Con mis manos limpio. Con mis manos sacudo el
polvo. Con mis manos acaricio al bebé.

Cuántas cosas hago, Señor, con las manos
que me has prestado, Dios mío.

Gracias por estas manos.

Ayúdame a usarlas para ti.

Gracias Señor

Gracias Señor por poner la galaxia, la luna,
las estrellas, y también el sol.

Gracias por poner la naturaleza y las flores tan hermosas.

Gracias por poner en mi vida la paz y tú amor.

¿Quién soy yo para no honrarte?, ¿Quién soy yo para no amarte?

Me has dado todo lo que tengo, todo es tuyo Señor.

Gracias por darme la ternura, por darme la locura
de amarte, gracias Dios por todas las flores,
especialmente la rosa que se marchita su color.

Todas ellas son, especialmente la blanca que
mantiene su color, aunque está con la rosada, la roja
y la morada siempre se distingue su color.

Dios todo es bello, lo que has creado Señor, el
hombre con sus manos lo ha destrozado.

Ayuda a los humanos que las mantengan y que no
se afanen tanto y piensen en tu esplendor.

Los Ricos

Los ricos que dicen que son ricos, tienen para comer
en abundancia pero no para dar, miran al pobre tan
necesitado pero entre más tienen, quieren más.

Nunca se llenan, ¡pobres ricos!

El pobre clama cada día por el pan, pero el rico que no lo mire,
porque casi se lo quita de la boca; el pobre anda casi arrastrando
su vida, no tiene comida, casa y mucho menos para ir al doctor.

El pobre clama por bendiciones y la comida de cada
día. Mientras el rico clama por dinero día a día.

Lo que el rico no sabe, es que al mismo hoyo van
a dar, los ricos son ricos, son ricos porque vacíos
están del alma, de la mente, y del corazón.

Pobres ricos, que engañan que lastiman.
Yo quiero se rica, rica del alma, rica de mente, y rica de corazón.

Limpiando

Siempre he estado limpiando para poder sobrevivir,
ya estoy cansada que la vaca, la perra, la gallina y la
rana me estén viendo y se estén burlando de mí.

Piensan que eso es lo único que se me ocurre hacer, pero les
voy a mostrar con la ayuda de Dios, que aprenderé a esperar.
Aprenderé a tener paciencia y fe, como tienen los volcanes para
concentrarse, hacer su trabajo y explotar cuando ellos deseen.

Hermana

Para ti hermana que siempre fuiste como mi segunda madre.
Por ti comí muchas veces, por ti, que sin merecerlo, siempre
estabas allí mostrándome amor incondicional.

Para ti hermana que muchas veces deseaba ser como tú,
paciente como tú, discreta como tú, ser confidente como tú.
Siempre soñé ser como tú, porque siempre fuiste mi modelo a
Seguir.

Hermana, que no pedimos ser hermanas, pero sin embargo lo somos.
Por eso estoy llena de alegría, por tener una hermana como tú.

José Antonio

José Antonio, así te llamó tú madre; el día que tú naciste,
eras tan perfecto, como José el esposo de María. Así
cuando fueras al campo te acordaras de Jesús.

Cuando fueras a la tienda, te acordaras de Jesús y por
si vas a arriar las vacas te acordaras de Jesús.

Pero también te puso Antonio por si se te pierde, que le clames a Jesús.

La Escuela

¿De qué le sirve a un hombre haber ido a la escuela,
si actúa como perro y rumia como marrano?
Actúa como perro y piensa como marrano.

Se esmeró para ganarse un papel grande, pero se le olvidó
donde ponerlo, si en la cocina del vecino, en el garaje, o en
su casa. Porque actúa como gato, canta como pájaro, vive
como burro, sueña como caballo y duerme como pato.

La Gente Cruel

¡Qué cruel es la gente!

Personas sin piedad, como lastiman, como
mienten, como se encargan de engañar.

¡Gente mala!

¿Cómo es posible que exista esa gente?

Gente cobarde, sucia, sin afecto, gente controladora.

Gente que engaña al inocente.

Gente que confunde a la humanidad.

Gente que no tiene nada que hacer.

Gente que no busca trabajo.

Gente ingrata.

¿Cómo es posible que sobreviva gente sin piedad?
Gente aburrida, sin corazón humano.
Y se hacen llamar "gente".
¡Oh No!

La Gente

La gente se ríe de mí porque voy a la iglesia, me
grita, me trata como si fuera cualquier cosa.
¿A caso no sabe que todos somos iguales?

Mientras ellos me gritan, oro por ellos para que Dios los perdone
y les dé una oportunidad para salvarlos de sus pecados.

La gente no sabe de mi verdad y me critica, me
humilla, pero como voy a la iglesia, no digo nada.
Tengo que ser fuerte y mantenerme confiada.

Le pido a aquel que todo lo sabe, que me ayude, porque no
puedo con tanta confusión que está pasando afuera.

Por confiar en Dios sé lo que está pasando en
mi mente, mi alma y en todo mi cuerpo.

Por eso alabo a Dios y voy a la iglesia. No miré a nadie; miré a
mi Dios que todo lo sabe y me levanta con su Santo Espíritu.

La Guerra Y La Paciencia

Un día la guerra y la paciencia se fueron al campo, la guerra iba con sus fuerzas y su bravura tratando de destruir a la paciencia.

La guerra se fue primero para el campo como una bomba, lista para atacar. Desesperada porque la paciencia no se apuraba, pero la paciencia como sabía que ella era paciente no le importaba y para ganarle a la guerra se preparó todo lo que pudo, se puso a orar todo el día y todo el tiempo que pudo, porque con su fe ella iba a ganar.

Por eso se preparó con la paciencia de Dios, suspiró por si se quedaba sin aire, se arrodilló por si se quedaba sin rodilla y le dio gracias a Dios por ser la paciencia.

No quiere morir, se levanta, mira al cielo y ve a la guerra desesperada que no puede ni respirar, y la paciencia como no tiene miedo porque ella siempre ha orado a Dios, le dice a la guerra: ¿Guerra qué te pasa? ¿Ya te viste cómo estás? – No, dice la guerra; en ese momento la paciencia aprovecha y ataca a la guerra, para que muera con su soledad.

Es así como la paciencia le gana a la guerra, porque ella tira bombas de santo espíritu.

La Hormiguita

Un día encontré una hormiguita rodando con mucho dolor,
pensaba que en la vida no había paz ni bendición.

Aquella hormiguita clamaba a Dios por su perdón hasta
que en la vida encontró paz con su oración.

Aquella hormiguita era triste pero había encontrado
algo mejor, sabía que en su vida iba tener su bendición
por haber aguantado en su vida la confusión.

Aquella pobre hormiguita había entregado todo su amor al
maestro porque había encontrado paz y alegría en su corazón.

La Princesa

Una princesa recibió diecisiete corazones, cuando los recibió,
no lo podía creer, porque nunca había recibido uno.

Ese día fue el día más precioso que ella pudo tener;
lloraba, cantaba y reía llena de felicidad.

Le habían dicho que era princesa y no podía
evitar vivir llena de felicidad.

La Iglesia

La iglesia clama Señor.
La iglesia sufre Señor.
La iglesia llora Señor.
La iglesia reclama Señor.
La iglesia ora Señor.
La iglesia olvida Señor.
La iglesia siente Señor.
La iglesia entiende Señor.
La iglesia estudia Señor.
La iglesia se duerme Señor.
La iglesia no confunde Señor.
La iglesia se une Señor.
La iglesia predica Señor.
La iglesia ayuda Señor.
La iglesia prepara Señor.
La iglesia se mantiene Señor.
La iglesia permanece Señor.
La iglesia necesita Señor.
La iglesia no tiene hambre Señor.
La iglesia está firme Señor.
La iglesia confía Señor.
La iglesia necesita transportación Señor.
La iglesia necesita fe Señor.

La Muerte Con Dios

La muerte con Dios solo hay paz y alegría, solo hay gozo en esta
vida, la muerte no existe, solo existe la felicidad en esta vida.
La muerte con Dios no es oscura, es ternura,
no es locura; es fe, amor y alegría.

No asusta porque con Dios solo hay gozo, amor y valentía.
La muerte con Dios no es triste porque hay mucho amor, paz y alegría.

La muerte es sincera porque esto es lo que quiero con Cristo mi Señor.

Alégrense los pueblos, naciones y lenguas que la
muerte no es dura con Cristo mi Señor.

Prefiero decirle a las montañas, a los montes, que Cristo ha
de llegar. Si la muerte me lleva con Cristo, no hay miedo.
Reúnete junto tus niños y los tuyos hasta el final.

La Mujer Fuerte

La mujer fuerte se mantiene, no sufre, se controla, sabe lo
que quiere, no se desespera y ora. Se mantiene pura a Dios
y a la comunidad, se protege de Dios y de lo impuro.
Piensa en todo para sostener y perdonar.

Se humilla a Dios y a los que perdona los
recuerda. Se consuela hablando con Dios.

Sobre todo la mujer sabe lo que quiere. Nadie la convence porque
esa mujer fuerte sabe de dónde vino, donde esta y para donde va.
Por esa razón se llama mujer fuerte, es como
un roble que nadie la mueve de fuerte.

La Muerte

La muerte es fea, la muerte te busca.
La muerte te hace temblar, la muerte te confunde.
La muerte te espanta, la muerte te duele.
La muerte es oscura, la muerte es negra.
La muerte es confusa, la muerte es dolor.
La muerte es asusta, la muerte te amarra.
La muerte te duerme, la muerte no espera.
La muerte te avisa, la muerte no olvida.
La muerte te anuncia, la muerte te enferma.
La muerte es triste.

La Señora

La señora me vio fea y me puso a trabajar.
Sonriendo la miraba buscando no trabajar.

La señora me pregunta cómo estaba mi mama. Como
me vio tan fea, le dije, "¿Que te va a importar?

La Riqueza y La Pobreza

La riqueza y la pobreza, las dos van a la par, la riqueza sueña
con su castillo donde va a comer y a descansar; por eso la
riqueza se prepara para ir a trabajar porque ella todo lo que
sueña sabe que un día lo va a lograr, pero la pobre pobreza
por eso se llama pobreza porque nunca sueña solo piensa
en descansar y morirse sola con su paz y tranquilidad.

La Silla

La silla espera, la silla está sola.
La silla esta triste, la silla confunde.
La silla no entiende.

La silla espera, pero no puede, la silla no perdona.
La silla no confía, la silla no entiende como la dejaron sola.
La silla se ama, pero la silla no se perdona ni sabe porque fue silla.
Sabe que es silla pero lo más doloroso es que
no sabe porque ni para qué fue silla.

Un día alguien se va a sentar en ella y le va dar su valor,
ese alguien la vio sola, desamparada y confundida.

Ese alguien se llama Jesús. Lo hizo conmigo porque soy silla también.

Las Tres Jirafas

La jirafa está muy alta que invita a su mama para ir juntas al parque, donde estaba su papa. La jirafa esta tan sola que enloquece a su papa.

El papa esta tan flaco que asusta a su mama. La mama esta tan fea que asusta a su papa.

Por fin los tres salen corriendo buscando donde descansar.

Llegaste A Mí

Un día llegaste a mi vida buscando mi corazón. Hablaba
a solas contigo pero vagaba mi confusión.

No te entendía maestro todo lo que tenías para mi corazón.
Dudaba de vez en cuando maestro por darte mi corazón.

Pero tu tan cariñoso me esperabas Señor, sabias mi
tristeza porque entendías Señor que andaba triste
en la vida queriendo arreglar mi corazón.

Gracias te doy este día por estar en mi corazón.

Lodo

*De que le sirve a un hombre que haya ido a la
escuela si dice puras letras todo el día.*

*Si él se oyera todo lo que dice, se daría cuenta
que actúa como el caballo de la esquina.*

*Parece que ese hombre fue a dejar el cerebro a
la escuela y a recoger lodo en esta vida.*

*Porque todo lo que habla es lodo, todo lo que
piensa es lodo y todo lo que hace es lodo.*

Luna Hermosa

*Luna hermosa, luna llena, luna linda, cuando te veo, luna preciosa,
me encanta porque me inspiras en la noche y en el día para sobrevivir.*

*Cuando te miró, canto y empiezo a reír porque me acuerdo del
campo que estaba junto a mi jardín. Luna linda cuando me
concentro en verte, empiezo a ser feliz, olvidando todo de mi país.*

Los Ojos De Mi Madre

Los ojos de mi madre eran bellos, los ojos de mi madre los extraño.
Los ojos de mi madre me dieron amor, los ojos
de mi madre sintieron compasión.

Los ojos de mi madre sufrieron, los ojos de
mi madre tuvieron mucho dolor.

Lo ojos de mi madre no descansaron, los
ojos de mi madre si trabajaron.

Los ojos de mi madre nunca me dejaron, los
ojos de mi madre me persiguen.

Los ojos de mi madre nunca me dejaran. Los
ojos de mi madre están conmigo.

Los Ricos

Hay de los ricos que dicen que son ricos, tienen para
comer en abundancia, pero no para dar.

Miran al pobre tan necesitado, pero entre más
tienen, quieren más, nunca se llenan.

Pobres ricos.

El pobre clama cada día por un pan, pero el rico que
no lo mire, porque casi se lo quita de la boca.

El pobre anda casi arrastrando su vida, no tiene
comida en casa, mucho menos para ir al doctor.

El pobre clama por bendiciones y por el pan de cada
día, mientras el rico clama por dinero cada día.

Lo que el rico no sabe, es que al mismo hoyo van a dar.
Los ricos son ricos por ser ricos, pero están vacíos
del alma, de la mente y del corazón.

Pobres ricos de mente.

Son ricos que engañan y lastiman. Que lastima es ser rico,
vacío. Quiero ser rica del alma, de mente y de corazón.

Mariposita Te Vi

Te vi en el momento cuando llegaste a la luz, tus ojitos
abriste mariposita. Eran bellos ojitos de color verde.

Yo me acerque mariposita y te di muchos besos de contenta, de alegría.

Un día tuve una y se fue y desde ese día, mariposita,
te amo. Te amo desde antes de nacer mariposita bella,
hermosa, soy feliz al tenerte mariposita de mi alma.

Con tus alas me levanto, con tu boca me das besos,
con tu nariz me das aire cuando me quiero caer.

Gracias mariposita de mi vida por existir en mi vida, te
amare mariposita hasta el último día de mi existir.

Mi Abuela

Mi abuela andaba triste, no tenía que comer, se la
pasaba atizando el fuego deseando que comer.

Mi abuelita era tan buena que oraba para comer,
clamaba por algo de comida de algún rincón.

Mi abuelita me amaba, me traía que comer. Como
no había nada, me daba agua para beber.

Mariposa Bella

Mariposa ¿Qué te hicieron?
¿Te lastimaron mariposa?
Te dormiste mariposa bella, te confiaste.
Te quebrantaron tu vida, tu alma, tu mente, tu
encanto y todo lo que en tu alma había.
Mariposa, tú no te merecías acabar así, pero estas viva mariposa.
Tienes vida, yo te ayudare, te cuidare, te
protegeré hasta que te compongas.
Tal vez te enseñare a volar de nuevo, por si se te olvido. No
te preocupes, yo te enseñare con mis alas grandes.
Yo te enseñare con mi vida, yo te ayudare y cuando
yo no este, te acordaras como te enseñe.
Ojala mariposa que cuando te alivies pongas
atención y no te vayas sola.
No dejes la flor y la planta hermosa, no dejes a tus
hermanas, si sales a pasear al jardín invítalas.
Llévalas al campo y diles lo que te paso.
Prepáralas mariposa bella y diles que son bellas que se
cuiden porque afuera hay muchos malos que las quieren
pisotear y comérselas a besos de lo lindas que están.
A ti mariposa que yo te conocí y te previne,
siempre cuida a las mariposas bellas.
Llévalas al nido donde tienen que estar.

Mi Mamá

La gente me decía: "Te pareces a tu mamá."
A veces lloraba, no lo quería aceptar.

Mi mamá era bella, me gustaba todo de ella, menos su color.
No me gustaba su color, porque ella sufría. Nunca me quería
parecer a ella, porque ella sufría y sufría con mucho dolor.

Mi mamá se fue con mucho dolor, dolor de amar,
dolor de sufrir, dolor de llorar, dolor de ver el hambre,
dolor de ver la guerra en este mundo ingrato.

Mi mamá se fue, pero me dejo con mucho gozo, paz y alegría.
Le doy gracias a Dios, por haber tenido una mamá como ella.

Mi Vecina

Que linda vecina me toco en esta vida. Mi vecina
sonríe habla conmigo, confía en mí.

Le duele mi dolor y llora conmigo. Ella es
mi amiga, mi hermana y me ama.

Me consuela, tiene fe, siente hambre y sed de Dios.
Comparte su amor, me ayuda me protege.

Yo amo a mi vecina, yo busco mi vecina. Doy
gracias a Dios por mi vecina.

Mi Papá

Todo pasa por alguna razón, en esta tierra me toco no tener un papá.
Por ser mujer siempre anduve triste buscando un papá, lo buscaba
en la comida, en la tienda, en la escuela, en la casa, y nunca lo vi.
Lo soñaba en la noche y en el día le preguntaba
a mis hermanos donde estaba mi papá.

Pero mi papá estaba en otra casa arreglando otro hogar,
me afecto saber tanta mentira y me aleje de mi mamá.

Los hombres como mi padre, no se llaman papá. Al fin
aprendí que mi papá solo es uno y se llama Dios.

Tal vez a ti te pasó lo mismo y no conociste a tu papá pero
te garantizo que papá Dios, Emmanuel, si está contigo.

No busques a tu papá, porque tu papá esta tan ocupado y
bien lejos que se le olvidó como se llama tu mama.

Soy feliz porque al fin conocí a un gran papá y estará
siempre conmigo mi gran Dios, mi padre celestial.

Mi Amigo Incondicional

¿Quién es mi amigo?
Mi amigo es aquel que no me miente, que no me engaña cruelmente.
Me no sostiene me levanta cuando me voy a caer.
No me abandona.
Me conoce tan bien, que él sabe lo que me gusta y lo que no me gusta.
Mi amigo me quiere y se preocupa por mí, el desea que yo sea feliz.
Me protege, sabe de dónde vengo, en donde estoy
y hacia dónde voy. El amor de mi amigo es fiel. Mi
amigo me hace sentir muy especial para él.
Mi amigo nunca me dejara, conozco tanto a mi
amigo que sé que nunca me dejara.
Mi amigo no me asusta, me respeta, mi amigo
confía en mí, como yo en él.
Mi amigo es capaz de todo por mí, porque mi
amigo me ama, como yo lo amo a él.
Mi amigo jamás me hace sufrir, ese es mi amigo.
Por tener este amigo, yo soy especial. Este
amigo vino a mi vida sin merecerlo.
Con este amigo soy feliz y seré feliz el resto de mi vida.
Tratare que mi amigo me ame de manera incondicional y que nunca,
nunca se vaya de mi vida. Mi amigo es Jesús lo llevo conmigo.

Mi Ventana

Mi ventana del alma esta lista señor para que entres y le des tu calor.

Entra con tu Santo Espíritu señor y curarme con tu bendición. Mira mi alma señor te lo ruego.

Señor entra en mi ventana que está abierta para Ti. Señor con tu gran perdón cura mi herida y derrama tu bondad en Mí.

Señor ayúdame a notar cuando entre a mi ventana tu Santo Espíritu.

Me Río

Yo me río de la vida para no llorar porque me acusan de todo
que soy borracha, pedante y sin ninguna educación. También
que soy haragana y que me gusta bacilar por la vida.

Pero no es así, a mí me gusta gozar y cantar en esta vida.
Por si muero, morir feliz en esta vida tan corta.

Me Llamaste

Un día me llamaste y me alegré. El día que me hablaste te reconocí.

Sabía que eras grande por las cosas que decías.
Te imagine bello hermoso en esta vida.

Fui a tu nido por hambre desesperada buscando comida en esta vida.

Era eso lo único que quería. Hoy te agradezco
que reconociste y te apiadaste de mí.

Esa hambre que traía tú la viste y tuviste misericordia de mí.
Siempre que a tu nido venia, me dejabas comida extra.

Me iba llena y dándole gracias a Dios que
por fin te encontré en esta vida.

Le pido a Dios por ti. Que siempre tengas lo mejor en esta vida.

Mi Vida Es Rosada

Mi vida es rosada porque amo diferente y sufro diferente.
Es rosada porque olvide, ayer y sueño hoy. Me
preparo para mañana, por eso es rosada.

Gracias a Dios ya no vivo por vivir.
Al fin encontré la forma de vivir mi vida y la puse rosada para ser feliz.

Mírame

Mira esta cara, tal vez no la vuelas a ver. Aunque
los años pasen yo sé que no se nada.

Aunque no sepa ya a donde voy, tengo tantas preguntas,
tantos sueños pero sé que no encuentro respuestas en ti.
Solo sé que te amo y necesito saber cómo estas
para no sufrir más porque te necesito tanto.

Mira mis hijos, sé que lo superare todo lo que pudo ser y no fue.
Mira esta mujer que siempre te amo y siempre te amara.
Solo sé que te amara por siempre.

Esto me ayudara a saber que fuiste tú quien decidió.
Yo no sé nada solo sé que te amo y siempre te amare.

Mi Vida Está Sucia

Mi vida esta confusa y triste que no sé por dónde empezar.
He hablado con doctores, psiquiatras, abogados, y no sé dónde confiar.

Mi vida es fea y triste que ya me canse de llorar, me
la paso todo el día que no sé dónde terminar.

Mi vida es cruel y no me la merezco. Por mi vida hago lo que sea.

Mi vida es hermosa con Cristo, mi Señor, yo quiero que mi vida este
Limpia pura y sincera con Dios y su amor.

Mosquitos

Mosquitos que vienen a mi vida, son mosquitos que si
me descuido, me pican. Mosquitos raros, mosquitos feos,
mosquitos tontos, se van y vienen todo el día.

Mosquitos que me fastidian todo el día, los espanto
pero son mosquitos que me hacen enojar.

Mosquitos que no los quiero en mi vida, me fastidian noche
y día. Mosquitos feos no los necesito en mi vida.

¡Váyanse! para donde la vaca, la perra, la burra, la cerda,
ellas les esperan todo el día con mucho amor y afán.

Muerte

Que feo te veo, que feo que llegaste, ¿Quién te invito?
Vete al cementerio donde tienes que estar.

Por mi puedes quedarte toda la vida en la tumba,
muerte mala, grosera; yo no te invite.

Aléjate de mí yo quiero paz y alegría en esta vida, no me
confundas más, muerte ingrata, muerte negra, aléjate de mí.

Quiero ser feliz en esta vida, aunque esté sola no estoy
sola; tengo a mi Cristo que me hace vivir día a día.

Yo, hare una y otra cosa para que no me lleves todavía, mientras
me llevas me preparare, gozare en esta vida hermosa.

Haré todo lo posible porque si vienes estaré
lista para irme. Me consagrare para Cristo, me
levantaré así sea que te atrevas a buscarme.

Estaré liste muerte fea, porque tú no me vas a llevar con tristeza.

Muchas Rosas Bellas

Rosas bellas y amarillas se encuentran en el camino.
Algunas se ven blancas y otras amarillas.

Las blancas sufren por su color, se ponen marchitas en vez en cuando,
si no les ponen agua, se mueren, si les ponemos agua, sobreviven.

Pero las rojas sufren por el sol, porque las queman
día y noche. Si no se arrepienten se mueren como el
fuego, pero las azules tienen paz, fe, y alegría.

En tu jardín, que no te falten las azules
porque ellas te ayudan en tu jardín.

Mujer Latina

Soy latina, mujer latina. Quiero que la mujer latina se ame y les enseñe el amor a sus hijos. Que se respete, se valore y cuide sus valores, que no los olvide y sea ejemplo. Que levante sus raíces latinas.

¡Basta ya! No se porten como vacas.
Que se escuche en la radio y en la televisión y crean en ella. Que estudie y ore para que no pierda la fe. Que mantengan su firmeza y no pierdan la confianza en Dios. Que no calle y despierte para que ayude. Que mantenga el control y no deje que la humillen. Que no se rinda y arañe hasta que encuentre su lugar.

Que proteja a sus hijos y se enfoque en su vida y la de sus hijos. Que no los abandone y coma bien. Que se vista bien como lo que es, quiero que la mujer de corazón latina. Que no sufra con mucho dolor que ella no se merece. Que se mire al espejo todos los días. Que nunca se le olvide que Dios la ama porque ella es una rosa de mucho valor.

Que esa mujer latina sienta de corazón la sangre latina. Que sea discreta y se prepare como un soldado, día y noche. Que no confíe en cualquiera, solamente en el Señor. Que no se le olvide su nombre y que sea fiel a ella, a sus hijos, a su familia, a su esposo, a la sociedad y al mundo entero. Que esa mujer latina nunca, nunca, se le olvide que todo lo hizo por amor en este mundo.

Mujeres Crueles

En este mundo si hay mujeres crueles que usan la religión
buscando a un inocente. Lo ven tan vacíos que empiezan
por un cuento mientras lo confunden y lo duermen.

Después con su vida preguntan cómo lo ha tratado la gente,
como si ellas fueran unas sicólogas con profesión. Se ríen
de él olvidándose que él ya tiene a una inocente.
Después que ya escucharon su cuento, como él se
siente inocente, la quiere llevar a Dios.

Ella actúa como una serpiente sabiendo que en su vida
y en su mente ya está una reina. Como ella anda tan
vacía, se olvidan los dos de Dios y de su vida.

Ella anda vacía y lo convence, los enreda con sus tratos y
sus mentiras de cerda. Como él es inocente, se las cree.
Más él no sabe que esa mujer así como las
hace con él, las ha hecho antes.

Ella nació para ser una serpiente hasta que se arrepienta de sus
mentiras. Pero anda tan vacía que se olvida de Dios y de su gente.
Todo lo vive como una cerda.

Nación Gloriosa

*Nación bendita entre todas las del mundo, tú con tus plumas
cobijas a los míos. Les das tu bondad, los llenas de tu piedad.*

*Por eso siempre diré bendita seas América querida Dios te da tanto
para tu poder dar. Cuando tú das miles y millones se multiplican.*

*Por tu gracia y ternura has cobijado a todos no viendo
su nación, su color, y mucho menos su religión.*

*Gracias por cobijar a los tuyos, a los míos y
volvernos una sola nación gloriosa.*

*Por eso América querida, el Dios de Abraham, el Dios de
Moisés te mirara desde el cielo siempre con tanta ternura.*

Tu si amas al Rey de Reyes y Señor de Señores.

Dios te bendiga siempre América querida.

*Canto de alegría de poder pertenecer a un país como tú, América.
Aquel que quiere repetir conmigo mi última oración cantando que
todos somos libres y dichosos por pertenecer a esta nación gloriosa.*

No Hay Tiempo

No hay tiempo que perder, no hay tiempo que recordar.
No hay tiempo que olvidar, no hay tiempo que pensar.
No hay tiempo que discutir, no hay tiempo que perdonar.
No hay tiempo que sufrir, no hay tiempo que odiar.
No hay tiempo que sentir, no hay tiempo que mirar.
No hay tiempo que frustrarse, no hay tiempo que rascarse.
No hay tiempo que hablar, no hay tiempo que molestar.
No hay tiempo que rinda, no hay tiempo que grite.
No hay tiempo que lloré, no hay tiempo que no amé.

No Recuerdo

No me acuerdo de tu amor, no me acuerdo de tu vida.
No me acuerdo del dolor, no me acuerdo de los celos.
No me acuerdo de pecar, no me acuerdo de dormir.
No me acuerdo de trabajar, no me acuerdo de llorar.
No me acuerdo de comer, no me acuerdo de correr.
No me acuerdo de pelear, no me acuerdo de morir.
No me acuerdo de sufrir, no me acuerdo de matar.
No me acuerdo de robar, no me acuerdo de mentir.
No me acuerdo de engañar, solo me acuerdo de viví.

La Niña De Mis Ojos

Antes de casarme soñaba con ser mamá, nunca me pregunté
cuando sería; y cuando llegó no lo esperaba.

Dios me preparó con su llegada, era una primorosa
bella niña, con su esplendor de princesa.

Color de ángel, un cabello hermoso, sus ojos como dos
perlas verdes y con su sonrisa dulce y cariñosa.

Así es mi niña, la que Dios con su amor me brindó,
para ser su amiga, su hermana y su confidente.

Gracias Dios por prestarme una niña como la mía,
con un corazón tan grande y sin medida.

Ojos

Ojos malos, duros de corazón.
Ojos ingratos, ojos sin piedad.
Ojos que nunca vieron mi amor, ojos que nunca me olvidaron.
Ojos que nunca me quisieron, ojos que nunca perdonaron.
Ojos que siempre mintieron, ojos que nunca me amaron.
Ojos que siempre ame, ojos que siempre perdonare.
Ojos que me libraron, ojos que siempre me humillaron.
Ojos que olvidare.

Pajaritos De Mi Vida

Pajaritos de mi vida ¿Que buscan en mí?, no tengo nada para darles.

Les di comida antier y ayer, hoy solo tengo agua para darles.
Pajaritos bellos y fieles que siempre me buscan para amarme.

Les agradezco pajaritos lo hermoso que son conmigo. Me
cantan al despertar y al anochecer. Siempre están allí fieles.

Si tengo comida me quieren, pero si no tengo también me quieren.
Gracias pajaritos.

Aunque sea agua recibirán de mi vida. Igual
como el agua que Dios comparte.

Yo la comparto todo el día.

Para El Año Nuevo

Esta es mi lista para el nuevo año.

Un esposo nuevo.

Una casa nueva.

Unas vacaciones.

Un carro nuevo.

Una televisión de 60 pulgadas.

Un baño nuevo y un viaje por todo el mundo.

Por supuesto cantar todos los días para estar sana.

*Comer bien y dormir como duermen las águilas
libres para sonreírle a la vida.*

*Por fin logre resistir para el otro año que viene, para
seguir pidiendo más por lo que viene y vendrá por fe.*

A Ti Doctor

A ti Doctor, a ti te digo, supe que eras águila Blanca,
pura y sincera porque eso fue lo que me dijeron.

Nunca me preguntaste mi nombre, mucho menos mi
color tal vez porque fuiste a la escuela y yo no.

Nunca te importe y yo pensaba que eras blanco, porque
me habían dicho y nunca pude comprender porque
pensaban que eras blanco tal vez por tu papel.

Cuando te conocí tuve fe y confianza, pensé que tu papel
de doctor me iba a curar porque me andaba muriendo.

Cuando te vi por primera vez pude ver que tú te andabas cayendo al
abismo. Pensé como me ibas ayudar si tu solo eres doctor de papel.

Nunca te vi llorar y nunca te vi sonreír a mí no se me olvidaba que eras
águila y cuando me paseaba por tu nido, muchas veces casi me caía.

Un día comprendí que doctor solo hay uno
y que tú eres doctor por un papel.

A veces te entendía, a veces no, más me confundías
porque pensaba que tú fuiste a la escuela y yo no.
Por eso no te entendía, hasta el día que me detuve a observar
que tu forma de vivir y la mía son casi iguales.

Tú con el papel grande que has cargado en tu vida
y yo con la fiebre que me sigue en esta vida.

Hoy comprendí que tú y yo somos iguales.
Tú con tu dolor y yo con el mío.

Para Mi Hermano

Si hubiera tenido un padre como tú, lo hubiera
cuidado, lo hubiera amado, lo hubiera protegido
para que se quedara toda mi vida a mi lado.

Si yo hubiera tenido un padre como tú, amoroso
y cariñoso, nunca lo hubiera dejado ir.

Pero hoy reconozco que ocupaste el lugar de mi padre.
Sé que ha sido difícil para ti ocupar el lugar de un
padre ingrato y cruel, pero no fue tu culpa.

Dios te obligo y te llamo desde el día que naciste.
Tu nombre es protector y Dios con nosotros.

Desde antes que nacieras, ya sabía Dios que ibas
a tener un padre como el que tuviste.

Que el padre que te presto Dios sabía que todos necesitábamos
tener en nuestras vidas a un padre como tú, un hermano, un
amigo, un hombre que Dios ama desde el día que naciste.

Te amó hermano.

Mi amigo por siempre.

Para Sobrevivir

En esta vida para sobrevivir se necesita de Dios, fe y esperanza.
Hay días bien difíciles que si no estás conectado con Dios,
Te puedes hasta morir sin esperanza.

Los días sin Dios son eternos porque no hay gozo, paz, ni alegría.
Los días sin Dios son inhumanos porque andas errante que
no sabes de dónde eres, donde estas, ni para dónde vas.

Los días sin Dios si no estás parado y sentado el enemigo
siempre te agarra. El enemigo sabe que en tu vida Cristo no
está, por eso los días sin Dios no son días perfectos.

Esos días si no estás pasmado te puedes quedar pasmado
para siempre, porque el enemigo no te va a soltar.

Por eso los días sin Dios no son perfectos, porque sin él
Puedes pecar y cuando desees escapar no podrás.
La trampa te puede agarrar.

Por eso necesitamos a Dios cada momento de nuestras vidas, para
no pecar y confiar que con la ayuda de él venceremos hasta el final.

Para Ti Psicóloga

Para ti psicóloga y mi amiga.
Llegue a tu vida por casualidad.
Me miraste y me pusiste a trabajar.
No averiguaste mucho de mí, ni de dónde venía.
De primero, solo me observabas cuando pasabas cerca de mí.
Los primeros meses solo sonreías hacia mí.
Así pasaron varios años, yo me acostumbré a ti.
Sabía que por varios años me habías observado,
Pero, ese día sentí algo diferente.
Sabía que eras maestra de profesión, pero para mí eras psicóloga.
Quizás por solo sonreír contigo, y no notarte,
Me confundí hasta ese día que me detuve,
Y pude saber que tú, naciste para psicóloga.
Fue allí cuando vi la luz en mi vida.
Desde ese día, hasta el día de hoy,
Te agradezco por los consejos que me diste y por confiar en esta vida.
Te agradezco por tu amor en esta vida.
Gracias psicóloga de mi vida.
Gracias por hacerlo de todo corazón.

Para Una Vaca y Un Toro

La vaca siempre que me miraba se salía del corral,
a veces se comía el sácate de su toro.

La vaca estaba loca.

Él pensaba que por ser toro iba a ganar.

El toro no corneaba solo se defendía de esa vaca loca, que cuando
podía lamia y pensaba que era inteligente moviendo la cola.

Un día la vaca me vio y pensó que yo era loca como ella
porque no había encontrado el perro y la zorra que siempre
la perseguían para llevarla al cajón y a la esquina.

¿Porque Vivo?

Vivo para amar, Vivo para soñar. Vivo para perdonar, vivo para reír.
Vivo para gozar, vivo para pensar. Vivo para olvidar, vivo para sentir.

Vivo para ser feliz, vivo para volar. Vivo
para suspirar, vivo para respirar.

Vivo para comer, vivo para compartir. Vivo para dar, vivo para recibir.

Vivo para ayudar, vivo para dormir. Vivo
para ser libre, vivo para aconsejar.

Vivo para dar gracias a Dios. Vivo para morir.

Pobre Vaca Flaca

Un día vi una vaca flaca sin hogar y sin familia.

Vivía lejos de la ciudad, tenía varios hermanos toros. Pero
como ella era vaca, se portaba mal con sus hermanos toros.

Les daba pena que su única hermana vaca actuara así.
Por eso cuando ella los visitaba, ellos la corrían.

La vaca como tanto los quería, les rogaba por alimento para sus hijos.

Los hermanos, por más vergüenza que les daba, nunca
podían hacer que esa vaca se portara bien por sus pobres
becerritos. Los traía rodando de aquí para allá.

A veces hasta en la calle dormía con sus pobres becerritos.

Como ella estaba vieja y fea, ya nadie quería a la pobre vaca flaca

Por Fe

Por fe, yo confío en el maestro, por fe, yo busco al Señor.

Por fe, yo contemplo mi vida, por fe, yo busco al Señor.

Por fe, yo suspiro a mi vida, por fe, me rindo a mi Señor.

Por fe, yo clamo en esta vida, por fe, yo me entrego a ti Señor.

Por fe, yo me mantengo a mi maestro, por fe, yo confío en mi Señor.

Por fe, yo amo al maestro, por fe, yo te adoro mi Dios.

Por fe, yo te canto Señor, por fe, yo soy libre maestro.

Por fe, yo imploro mi Dios.

Por Los Ojos

Por los ojos de mis hijos, yo vivo.

Por los ojos de mis hijos, me levanto.

Por los ojos de mis hijos, perdono.

Por los ojos de mis hijos, no me caigo.

Por los ojos de mis hijos, sonrío.

Por los ojos de mis hijos, quiero paz.

Por los ojos de mis hijos, sigo el futuro.

Por los ojos de mis hijos, busco alegría.

Por los ojos de mis hijos, soy feliz.

Por los ojos de mis hijos, soy libre.

Prepárate Hermano

¿Qué haremos cuando los ángeles canten la trompeta final?
Unos lloraremos, otros reiremos llenos de felicidad, otros nunca
entendieron porque estuvieron en esta vida con mucho afán.
Los que amaban a la tierra la tendrán. Los que se
aferraban a esta tierra toda la tendrán.
Los que a todos se les dijo, escusa no tendrán. Cuando llamen
por tu nombre responderé, el mío seguro estará. Cuando
suene la trompeta no me asustare, yo lista estaré.
Prepárate mi hermano, no hay tiempo que
perder, los ángeles se acercan tocando.
Allí están tocando la trompeta; despierta, despierta mi
hermano, mi amigo, sino solo te quedaras en este planeta
solo tu tristeza tendrás en esta vida, sin paz, solo tormento
tendrás. Estarás tan aburrido con los huesos de Satán.
Prepárate mi hermano no hay tiempo que perder, mañana
será muy tarde, hoy tenemos que vencer, cantando todos
aleluya la gloria de mi Dios, aleluya, aleluya amen este
es nuestro Dios le hemos esperado y nos salvara.

Quiero Brillar Para Cristo

Quiero brillar para Cristo. Quiero brillar por amor.

Quiero ser fuerte en la vida, para correr con amor.

Quiero servir con amor, para recibir su perdón

Quiero confiar cada día, para levantarme con su bendición.

Quiero amar y ser feliz en esta vida con su comprensión.

Quiero ser diferente, practicando su redención.

Quiero ser siempre fiel hasta la muerte, quiero brillar con su perdón.

Quiero tener paz y alegría en mi vida, quiero alejarme
del mundo, donde no hay gozo, paz ni alegría.

Quiero dar mi vida a mi Cristo por su gran amor.

Quiero tener fe en esta vida, para tener mi salvación.

Reconozco

*Señor todo lo que no es mío te lo regreso, mi
mente, mi alma, mi cuerpo todo.
Señor he reconocido que todo lo que tengo es tuyo Señor, mi tiempo, mi
diezmo, mi esposo, mis hijos, mis hermanos, todos son tuyos mi Dios.
Ayúdame a reconocer cada día que todo lo que no
es mío te lo regrese. El tiempo que me prestas, que
lo pueda usar para amarte y glorificarte.
Todo es tuyo Señor, mi dinero, mi casa, mi ropa son cosas que
tú me has prestado para tener por un tiempo conmigo.
Ayúdame para que mientras los tenga cerca de mí,
los cuide para ti porque son cosas prestadas.
Ayúdame que todo lo prestado te lo regrese a ti, hasta el
amor que tú me das no es mío Señor, si no de Ti.
Ayúdame a reconocer que todo es tuyo.
Ayúdame a tener esa convicción día a día para ser feliz y
llegar libre a aquel día del juicio, sin ningún temor.
Ayúdame para que todo lo que haga, lo haga por amor a ti mi Dios.
Amen.*

Señor Presidente

Señor presidente estoy desesperada porque tengo una hermana con sus hijos en El Salvador que sufren, ella estuvo aquí de niña pero vino un cobarde y se la llevo. El la engaño, la humillo, le pego tanto que ella se volvió loca, no sé qué hacer con esos niños inocentes que ella tiene porque ella está en el Salvador y yo en EE.UU.

Ya tengo el papelito que busque de niña pero no tengo lo importante que es el dinero para ir a verlos. Señor presidente usted que es el Dios de esta tierra ayúdeme, lo único que quiero por mi pobre hermanita es que no sufra.

El canalla que se la llevo tiene otra mujer que se siente la reina de la casa y a mi hermana inocente la pone a barrer. Señor presidente por favor se lo pido ayude a mi hermana con sus niños porque ella puede ser mi hija y mis sobrinos también.

Señor presidente estoy desesperada y le escribo estas letras porque apenas aprendí a escribir el español. Vine de una guerra toda confundida que hasta mi nombre olvide. De vez en cuando me acordaba de mi iglesia, pero aquí siempre fui a la que hablaban español. Andaba confundida por la guerra de mis padres, por la guerra de Honduras y El Salvador que cuando logre dejar a El Salvador.

No pensé en otro lugar que aquí, porque aquí siempre ha habido oro y comida. Lo más importante es que usted es el Dios de esta tierra que representa mi Canaán porque Dios lo dejo en esta tierra.

Ayúdeme Señor presidente, me hago responsable por mi hermanita y sus hijos para que crean en Dios como lo he hecho yo.

Gracias Señor presidente.

Señora Enfermera

La señora era enfermera.
La quería tanto porque no tenía mama.
Como ella trabajaba tanto, me mandaba con crueldad.
La enfermera era famosa, se reía sin piedad.
La enfermera era tan fea, me obligaba a trabajar.
Como la necesitaba tanto no me daba que tragar.
La enfermera era tan mala que no me daba ni para el pan.
La enfermera era valiente, me obligaba a planchar
Cuando todo estaba limpio.
Se gozaba con crueldad la enfermera.
Era tacaña que me daba solo tortillas con sal.
Cada vez que podía, me acostaba a descansar.

Señora Maestra

La señora era maestra. Cuando la necesitaba me mandaba a sentar.

Cuando le hablaba me mandaba a callar. La señora era maestra.
Le preguntaba: ¿como esta?
Pero como ella estaba cansada, me mandaba a trabajar.

La maestra no entendía que clamaba por un pan
para escucharla un rato para irme a trabajar.

Ser Amigos

Si pudiera ayudar al pobre y al rico para convencerlos
que sean amigos por donde fueran.

Se convencieran que ser amigos es lo mejor que pasaría para
sus penas, no perdería nada con intentarlo y convencerlos,
porque el rico va al hoyo así como va el pobre sin merecerlo.

Es el momento de ver el mundo igual por donde sea.
Hay que brillar, sea pobre o rico.

Hay que brillar porque al final al hoyo los dos vamos a dar.
Por eso hay que brillar siempre.

Soy Cuchara

Soy cuchara y soy feliz con tus labios y tus besos en el día y en la tarde.

En la mañana sonrío, en el medio día me gozo, en la noche me sonrojo con tus besos muy sabrosos.

Soy Una Espina

Soy una espina que clama noche y día Señor. Soy espina porque
me amo, protejo a los demás con mis luchas y problemas.
Soy espina por que no puedo depender de mi árbol que me vio nacer.

Soy espina que busco la paz, y la alegría de vivir. Por eso
estoy buscando como agradarte y siempre estar aquí dándole
gracias a ti mi Dios. Reconozco cien por ciento que nada
puedo hacer sola con mi veneno que me pusiste.
¿Por qué lastimo a los de más con mis hechos? Ayúdame a
confiar en ti porque soy espina. Soy feliz por la virtud que
has puesto en mí de ser espina y por fin sobre vivir.

Soy Águila Blanca

Soy águila blanca y tengo miedo.
Tengo miedo a la tristeza, a la soledad y a la violencia.
Quiero paz y tranquilidad en esta vida.
No me gusta la tristeza, la amargura y la confusión en este mundo.
Tengo miedo a los golpes que hay en esta vida,
al dolor, la soledad y a la amargura.
Por ser águila blanca no me gusta la injusticia.
Deseo la paz la tranquilidad en esta vida.
Tengo miedo a los grandes, a los malos machos que
andan tristes y solos sin paz en esta vida.
Yo, águila blanca quiero amar, quiero vivir, quiero
volar y quiero ser libre; quiero vivir en paz.
No me gusta la violencia, la tristeza o la soledad.
Quiero disfrutar esta vida y los momentos felices,
porque mañana quizás no vendrá.
Yo, águila blanca, seré pura y sincera para volar y volar;
volaré, volaré, volaré, en el cielo cerca de las estrellas.
Desde arriba mirare la tristeza, la soledad y la amargura
que hay en este mundo. Tratare de andar arriba y no
abajo porque abajo hay soledad y oscuridad.
Yo, águila blanca, prefiero estar arriba, volando, junto a las estrellas.
Desde arriba puedo ver tanta soledad.

Soy Una Maquina

Soy vieja pero linda. Soy pura y sincera como el sol. Soy maquina con mucha dedicación. Soy máquina que necesito mucho amor.

Soy máquina que necesito mucho fervor. Soy máquina que tengo mucho para dar riquezas y paz de corazón.

Soy máquina que tengo mucha paz y tranquilidad en esta vida. Yo si soy maquina con mucho valor.

Soy Manzana

Soy manzana y dejo que me muerdas.
Que me ames, me goces y me botes.
Por eso soy manzana para que me comas.

Soy Latina De Corazón

No soy Americana, no soy mexicana, ni tampoco
cubana, pero soy latina de corazón.

Eso es lo que me gusta que soy latina con sabor.
No soy venezolana ni tampoco dominicana, pero amo el español.
Esta es mi verdad que amo El salvador.

Lo más hermoso es que soy águila fina de
corazón, porque soy pura por tradición.

Eso es lo que me gusta, que soy latina con bendición, no soy
de aquí, ni de allá, porque soy del Salvador del mundo.

Aunque no soy colombiana, yo soy del mundo humano, eso es lo que
más me gusta que soy latina de corazón, porque soy del Salvador.

Soy Flor

Soy una flor, necesito agua, noche y día. Estoy marchita, no tome agua hoy y no quiero morir. Aprendí que el que me regaba ya se fue.

Estoy marchita, triste, sola en el jardín; no tengo flores alrededor. Me siento sola y desamparada. No tengo a nadie, estoy sola en el jardín. Quiero saber si hay agua en otro jardín, para que me rieguen un poco y sobrevivir.

Ojalá que el que me riegue, me vea que estoy bella y me lleve a su jardín y darle las gracias por ayudarme a sobrevivir.

Soy Una Gaviota

Soy una gaviota, que nació en El Salvador. Nací para gozar, reír y que me amen en esta vida. Mientras todos se burlan de mí, gozo sin cesar. Cuando todos me humillan no quiero parar por el hambre que tengo, no quiero regresar ni si quiera ver hacia atrás.

Como nadie me alcanza me voy para el mar, por la alegría que tengo, me levanto a volar. Por la historia que vendo no me aburro ya más. Por la tristeza que miro no me frustro ya más.

Porque soy gaviota y al fin a prendí a volar,
como lo hacía mi mamá águila.

Una Máquina

Soy una máquina y soy feliz.
Me gusta gozar y cantar en esta vida.
Me gusta reír y sentir en esta vida.
Quiero sentir que otros gocen y se amen unos a otros.
Soy una máquina y soy feliz.
Soy una máquina, me gusta trabajar y ayudar en esta vida.
Por ser maquina no me rindo, si me rindo, pido aceite e hilo.
En esta vida si me canso, me canso porque soy maquina pero soy libre.
Soy maquina porque aprendí que soy máquina.
Pero por ser máquina, yo no lo decido, lo decide Dios.

Soy Yo Señor

Soy yo Señor que necesito de ti y confiar en ti.
Soy yo que necesito ser diferente, sentir diferente y hablar diferente.
Soy yo que necesito de ti mi Dios.
Soy yo que necesito amar diferente y pensar diferente.
Soy yo que necesito vivir para ti, morir para ti y depender de ti mi Rey.
Te fuiste de mi vida como un ave volaste hacia tu nido.

No Entiendo Que Pasó

Nunca comprendí como fuiste capaz de dejarme triste y aburrida.
Cuando estabas a solas conmigo siempre me enseñaste a volar,
Se me está haciendo difícil; sin ti nunca será igual.
Estoy sola, nada que hacer.
¿Dónde estás?
Ven y detenme porque me voy a caer.
Como quieres que lo haga si me has
Dejado solita, pensando y llorando por ti.
No tengo la culpa que me engañes así.

The Road Adventure

If you ask me what is The Road Adventure, I would tell you that
The Road Adventure is everything.
It is a place where you leave your pain, a place where you cry,
a place where you learn to survive, a place where you see God,
a place that makes you believe in love, a place where you will
want to go back and share your experience with somebody.
The Road Adventure is a place where you leave your baggage.
The Road Adventure is a place that I would like to see open 24
hours for everybody to experience the love God has for everyone.

Toro Bravo

El toro esta bravo. Quiere nortear mi mente y mi alma.
Quiere acabar conmigo.
El toro no entiende que lo quiero colgar
El toro se asusta porque al fin lo quiero enterrar.

Tres Gallinas

Había tres gallinas en el mismo nido, una era vieja y bien arrugadita.
La otra era gorda y bien feliz.
Estaba la tercera bien delgadita.
La viejita esta triste y cansada de esta vida, no quería
ni siquiera buscar gusanos en esta vida.
La gorda se paseaba por el jardín, era bien celosa de
su jardín; tenía flores rojas, blancas y amarillas.
De vez en cuando venía a la flaquita jugar en su jardín.
Todas estaban locas. De vez en cuando se bañaban con
la agua del jardín y yo me la pasaba ¡Jajajaja!

Tengo Dos Caracolitos

Tengo dos caracolitos. Uno es bello, lo encontré primero.
Cuando vino a mi vida, me volví loca de alegría, llore
tanto de alegría porque no lo podía creer.

Ese caracolito lleno mi vida que casi muero del gozo que sentía.
Cuando ese caracolito llego a mi vida, me desperté y suspire de
gozo, paz y alegría. Cada vez que podía le daba besos y abrazos.
Con el amor que me da, llena toda mi vida
de energía que mi vida necesita.

Paso el tiempo y no me confíe. De repente viene otro caracolito
a mi vida. ¡Si el primero es bello, el segundo es hermoso! Con
el me lleno de gozo, cuando lo veo me lleno de paz y alegría.

Con mi Segundo caracolito, soy feliz, algún día mis caracolitos
me conocerán y sabrán que desde antes de conocerlos, ya los
amaba y ahora que los tengo soy feliz teniéndolos en mi jardín.

Tu mamá

No tuviste mamá pero tu mamá siempre te amo.
Te cargó, te cuidó y te protegió. Tu mamá perdonó.
Tu mamá olvidó y se humilló. Tu mamá
sufrió en este mundo cruel por ti.
Por el amor de tu mamá estas aquí. Dios lo permitió.

Tu Alma

Cuando te duele el corazón, tienes tristeza o tienes dolor, es por algo
quizás es tu alma y no te has dado ni cuenta cuanto te ama el Señor.
Él te está avisando que te pares antes que sea demasiado tarde.
Cuando el alma duele, toda tu mente, tu
espalda y tu cuerpo también duele.
De una u otra razón, se te pudo haber olvidado cómo te llamas.
Tu alma se te revienta de la impotencia por tu indiferencia.
Has olvidado esa pobre alma, la has abandonado injustamente.

Voy A Cambiar

Voy a cambiar mi forma de amar, mi forma de pensar,
mi forma de perdonar y mi forma de ver la vida.
Voy a cambiar para suspirar. Voy a cambiar para volar y ser libre.
Hoy si voy a cambiar por mí, por mi hermano, por
mi hermana y por todos los de este mundo.
Hoy si voy a cambiar mi forma de amar. Solo Tú eres la razón.

Tú Eres La Razón

Tú eres la razón de mi vida. Tú eres la razón de mí existir.
Tú eres la razón de mi sentir. Tú eres la razón de reír.
Tú eres la razón de llorar. Tú eres la razón de amar.
Tú eres la razón del mañana. Tú eres la razón del presente.
Tú eres la razón del futuro. Tú eres la razón de confiar.
Tú eres la razón de perdonar.
Tú eres la razón de olvidar. Sólo tú eres la razón.

Tú Naciste Para Ser Águila

Tú naciste para ser águila, me lo dijo tu mama. Han
pasado muchos años y te vuelvo a recordar.
Tu mama está bien vieja me lo dijo tu papa. Por aquí andan
las gatas y las gaviotas desesperadas por volar.
Por las noches te recuerdo, pensando como estas.
Las caricias de la rana me lastiman por doquier. Las
mordidas de la perra no me quiero recordar.
Pero tú naciste para ser águila, me lo dijo tu verdad.

Tus Ojos

Ojos que amo, son los tuyos.
Bellos son tus ojos. Hermosos son por ser claros.
Son los ojos de mi madre, son los ojos de mis
hijos, son los ojos de mis hermanos.
Son los ojos que yo amo.
Son mis ojos porque son tan bellos.

Tu Recuerdo

Por lo menos me queda un recuerdo de todo lo que viví.
Aunque la tristeza se fue, me ha quedado el dolor de una
vida con mucha amargura. Mientras hay vida, hay alegría y
esperanza para vivir. Aunque todo el dolor paso, siempre estaré
agradecida por todo lo que mi Dios ha hecho en mi vida.
Gracias Señor, por amarme y protegerme en
esta vida. Qué bueno que ya todo paso.
Gracias Señor por darme la dicha de ver la luz en este
mundo. Gracias por que al fin te toque con mi fe.

Tú Eres Maravilloso

Tú eres maravilloso en todo lo que haces.
Desde el vientre de mi madre me protegiste y me amaste.
Cuando nací, nací perfecta y limpia para amar y ser amada.
Me diste un cerebro para poder pensar.
Con ese cerebro decido quien amar, aunque tú lo creaste.
No me obligas que te lo regrese y dejas que decida
Como guiarlo en esta vida.
Me tocó vivir en este mundo loco aunque tú ya sabias Señor.
Mi cerebro se pudo confundir en el pasado, presente o en el futuro.
Es tuyo, y sé que tú no lo vas a permitir.
¿Cómo no agradecerte Señor por tus maravillas?
Si me has prestado el cerebro para pensar.
Mis manos para ayudar.
Mi pecho para suspirar.
Mi corazón para amar.
Mis pecados para olvidar.
Mi estómago para alimentar.
Mi vientre para mostrar tu Gloria.
Mis piernas para sostenerme.
Mis pies para caminar.
Tengo todo Señor.
Gracias por tu gratitud.

Tú Eres Mi Amor Secreto

Tú eres mi amor verdadero. Tú eres mi amor platónico.
El amor que busco, el amor dulce y sincero.
El amor comprensivo, el amor que no miente.
El amor que nunca muere. Tú eres ese amor.
El amor que anhelo y me desespera.
Por ese amor gozo, por ese amor suspiro.
Por ese amor muero, por ese amor me levanto.
Ese amor me acosa, ese amor nunca termina.
Ese es mi verdadero amor, el que conocí desde siempre.
Mi amor verdadero, ¿cómo te voy a dejar?
Tú me enseñaste amar, tú me enseñaste a perdonar.
Tú me enseñaste a olvidar y a perdonar.
Por ti aprendí que todo en esta vida se puede tener.
Por ti aprendí a compartir.
Tú me enseñaste que es el amor verdadero.
Por ti aprendí a volar.
Por ti aprendí a detenerme.
Aprendí a soñar por tu amor.
Aprendí que es el amor incondicional.
Aprendí a llevarte dentro de mi ser donde quiera que valla.
Para mi serás siempre mi primer amor.
Pase lo que pase, nunca te dejare de amar.
Te llevare siempre en mi corazón, hasta el final de nuestras vidas.
Siempre serás mi primer amor. Amor de mi vida.

Tú Mirada

Mientras vivamos tenemos que seguir buscando cura para el mal.
Cura para el alma, cura para el cuerpo,
Cura para la mente y cura para estar bien.
Si seguimos todos así como vamos,
Estaremos todos confundidos hablando unos
De una cosa y otros de otra cosa.
Si no aprendemos ya, no tenemos culpa porque
A veces andamos unos mirando para arriba otros para abajo.
No hay nada que temer con Dios.
En nuestras vidas tenemos el poder para enseñarle a los que
todavía no han podido levantar la vista hacia arriba.
Les vamos ayudar a los que están viendo fijamente
Hacia abajo son ciegos de verdad.
Los que están viendo a los lados les hace falta dormir más.
Los que miran fijamente hacia arriba ya
supieron como volar en esta vida.

La Gallina y El Gallo Bruto

Una gallina está tan bruta, que cuando su gallo no puede
caminar, ella no se conforma. Lo pone trabajar pero
el pobre gallo ya no puede ni siquiera caminar.

La gallina bruta le obliga a trabajar.
Ella esta tan bruta que no mira que su gallo ya no
puede más trabajar. Ella, nació bruta. Esa gallina
bruta se quedara sola sin comida y sin nido.

Esta tan ciega que no mira que su gallo ya no puede
trabajar. ¡Gallina bruta despierta! ¡Jajajaja

Tu Tienda

En tu tienda, vende.
En tu tienda, espera.
En tu tienda, confía.
En tu tienda, goza.
En tu tienda, ten fe.
En tu tienda, no te desesperes.
En tu tienda, ten paciencia.
En tu tienda, implora.
En tu tienda, perdona.
En tu tienda, se libre.
En tu tienda, se feliz.
En tu tienda, ama.
En tu tienda, olvida.

Una Águila Blanca

Un águila blanca se fue al mar a buscar nuevos horizontes.
Mientras se bañaba, soñaba que era blanca.
Había mucha gente a su alrededor. Unos la miraban, otros se reían.
Esa águila blanca siempre sonreía. Se bañó
por un rato y se quedó bien dormida.

Esa águila blanca soñó que un día seria rica para que nadie se ría
de ella. Para que cuando la miren la miren con paz en esta vida.
A esa águila blanca nadie la humilla. Porque
esa águila blanca soy yo con alegría.

Vaca Perezosa

Un día muy temprano los animales del campo se preparan
para ir a la escuela. Empezando por la gata: "meow meow
meow", Vaca te invito al jardín. "¡No!" dijo la vaca.

Viene el gallo: "quiquiriquí," canto el gallo. Vaca,
¿quieres ir al campo? "¡No!" dijo la vaca.

Viene la cabra: "meee meee" Vaca, te invito al parque.
"¡No!" dijo la vaca. Viene el perro: "guau guau guau," ladro
el perro Vaca, te invito al corral." "¡No!" dijo la Vaca. Viene
el cerdo: "oink oink", Vaca te invito a jugar. "¡No!" dijo la
vaca. Todos buscaron algo que hacer menos la vaca.

Una Mariposa Pura

Soy una mariposa, pura y sincera, estaba en el jardín y
vino un bruto, cobarde que no me vio; se paró en mí y
me pisoteo, me golpeó pero me levante, como pude.

Me dolía todo mientras él se reía. Me pare en
una ramita tan chiquita en un árbol.

Me miraba y me decía: "Yo nunca te lastimare
mariposa, tan linda tu eres."

La ramita me sostenía. El árbol me asombraba.
Con el tiempo me recupere y siempre me acordaba, que brutos
como ese hay muchos, siempre me preparaba por si regresaba.
El árbol, la ramita y yo siempre nos amaremos.

Vaca Rabiosa

Trabajar con una vaca rabiosa es muy duro. Esa vaca te grita y la quieres callar. Esa vaca te muerde y le pegas. Esa vaca no entiende que la quieres ayudar.
Esa vaca es tonta que te quiere comprar. Esa vaca es celosa que te quiere cansar. Esa vaca es fodonga que te quiere encerrar. Esa vaca no entiende que la quieres matar.

Vivo Para Cristo

Amo a mi Cristo, me preparo para mi Cristo.
Oro para mi cristo, siento a mi Cristo.
Pienso en mi Cristo, hablo de mi Cristo.
Escribo para mi Cristo, me frustro por mi Cristo.
Rasco por mi Cristo, siento por mi Cristo.
Canto para mi Cristo, me gozo para mi Cristo.
Me siento feliz por mi Cristo, camino por mi Cristo.
Añoro estar con mi Cristo, me levanto con mi Cristo.
Me acuesto con mi Cristo, comparto a mi Cristo.
Respeto a mi Cristo, perdono por mi Cristo y olvido por mi Cristo.
Confío por mi Cristo, me mantengo por mi Cristo.
Me levanto por mi Cristo, me sustento en mi Cristo.
Añoro por mi Cristo. Me limpio en la sangre preciosa de mi Cristo.
Muero por mi Cristo, me humillo por mi Cristo
Corro por mi Cristo, vuelo por mi Cristo.
Soy libre por mi Cristo que me sostiene en esta vida.

Vuelves

Vuelves águila negra como si nada paso, vuelves
como si yo pudiera olvidar todo lo que paso; todos
los amores que tuviste, ¡no águila negra!

Tu sabía que un día iba a tomar agua de otro,
mar con agua pura y cristalina.

Hoy vuelves a mí deseando un beso mío cuando hoy eres solo un
recuerdo para mí, Tú me cambiaste por que estabas tan confundido,
no sabías en tu corazón que yo soy un águila pura y sincera.

Vuelves cuando ya es muy tarde, no soy amor de un día.
Ahora estoy recogiendo amor puro y sincero. Vuelves
porque estas vacío. Me tuviste y me perdiste, hoy mi
amor está apagado y ya no estás en mi vida.

Printed in the United States
By Bookmasters